창의적 사고를 위한

논리 논술

홍혜경 · 김명화 · 김세루 · 문병환 · 김경숙 공저

학지사

머리말

나는 생각한다. 고로 존재한다.

—데카르트

이 세상에서 가장 먼 길은 어떤 길이라고 생각하십니까? 어떤 학자는 '사람의 마음과 머리의 거리'라고 하였습니다. 그 이유는 머리로 아는 지식보다 가슴으로 아는 지식이 참지식이기 때문입니다. 나의 몸과 마음의 길이 하나라면, 나의 사고가 머리보다는 가슴으로 전달되어서 실천을 통한 행함이 되게 하는 교육이 참교육이 아닌가 싶습니다.

오늘날은 통합, 통섭, 융합의 시대입니다. 이제 우리는 한 가지 분야뿐 아니라 서로 다른 학문과 전공의 경계를 허물며 날실과 씨실을 잘 엮어 새로운 가치를 창출해야 합니다. 이때 현장의 교사에게는 미래환경 대응능력이 필요합니다. 전염병, 환경오염, 인공지능, 디지털 트랜스포메이션, 빅데이터, 메타버스 등으로 급변하는 시기에 가상과 현실의 공간에서 살아가야 하는 예비교사의 창의적 · 논리적 사고는 중요합니다.

논리란, 첫째, '생각이나 추론이 지녀야 하는 원리나 법칙' 또는 '그것을 다루는 학문', 둘째, '사물의 이치나 법칙성에 바탕을 둔 사고방식'이라고 정의할 수 있습니다. 누구나 '논리'라고 하면 어렵게 생각합니다. 일상생활에서 생각을 언어로 이야기할 때 "논리적으로 표현해 보세요."라고 하면 당황합니다. 그리고 어떻게 논리적으로 설명해야 할까 고민하다 보면 대화는 어려워집니다. 따라서 유아기부터 일상생활에서 효율적인 의사소통이 필요합니다.

이에, 교육부에서 교사의 논리와 논술을 교원 양성 교육과정의 필수교과목으로 지정하였습니다. 앞으로의 교육은 논리적이고 창의적인 인재 양성에 그 목적을 두고 있기 때문에, 현장에서 영유아를 가르쳐야 할 교사 역시 논리적 사고와 창의적 사고를 삶 속에서 실천해야 할 것입니다.

이 책『창의적 사고를 위한 논리 논술』은 제1부 '논리와 창의성의 이해', 제2부 '논리와 창의적 사고와 교육', 제3부 '글쓰기와 논술', 제4부 '논리와 창의성 발달을 위한 교육활동의 실제'로 구성되어 있습니다. 구체적으로 제1부 '논리와 창의성의 이해'에서는 변화하는 사회의 핵심역량, 창의 · 인성교육, 논리 · 철학교육에 대해 기술하였습니다. 제2부 '논리와 창의적 사고와 교육'은 논리적 사고, 소크라테스와 논리교육 방법, 창의적 사고, 논리와 창의성 교육으로 이루어졌습니다. 제3부 '글쓰기와 논술'에서는 글쓰기, 창의적 사고 글쓰기, 논리적 사고 글쓰기, 유아교사와 글쓰기, 토론과 논리적 사고를 제시하였습니다. 제4부 '논리와 창의성 발달을 위한 교육활동의 실제'에서는 그림책을 활용한 교육활동의 실제와 단위 활동으로 이야기 나누기, 동시 · 동화, 수학, 음악 활동의 실제 부분을 다루어 현장 선생님과 영유아 논리 · 논술 지도를 배우는 학생들에게 도움이 되고자 하였습니다.

집필하는 동안 유아와 교사의 논리 사고력 발달의 본질에 접근하고자 많은 논의를 한 결과, 논리·논술교육의 철학적 관점의 이론적 근거를 제시하였고, 또한 글쓰기 지도에 많은 내용을 할애하였으며, 특히 현장 적용의 이해를 돕기 위해 세심하게 살펴보고 신경을 많이 썼으나 미비한 점이 많을 것으로 봅니다. 독자들의 따뜻한 조언을 기대하며, 이 책이 교사, 대학에서 유아교육을 전공하는 학생, 이 분야에 관심을 가지고 있는 모든 관련 전문가 그리고 대학원생에게 유익한 지침서가 되기를 바랍니다.

글쓰기 지도 원고 사용을 허락해 주신 조수웅 교수님께 감사드립니다. 그리고 학지사 김진환 사장님과 정승철 상무님, 편집을 맡아 준 황미나 선생님 및 학지사 관계자 여러분께도 감사의 말씀을 전합니다.

2022. 1.

저자 일동

차례

제2부 논리와 창의적 사고와 교육

제3부 글쓰기와 논술

제 1 부

논리와 창의성의 이해

제1장 변화하는 사회의 핵심역량

1. 의사소통능력

21세기 첨단과학기술의 발달로 국가 간 또는 개인 간 교류가 활발해지고 있으며, 특히 인터넷과 스마트폰의 보급으로 누구나 손쉽게 다양한 사람과 접촉하며 정보를 얻고 또 공유하는 것이 가능해지는 글로벌 정보화 사회가 되고 있다. 앞으로 이러한 추세는 더 가속화될 것이며, 기존에 직면하지 못한 새로운 상황에 유아교사로서 어떻게 대처해야 하는지는 주요 과제가 되고 있다. 이미 주변에서 어린 영아들이 장난감이나 동화책보다는 스마트폰을 가지고 노는 것을 즐기고, 부모 역시 이를 손쉽게 허용하고 있음을 자주 목격할 수 있다. 이러한 사회 환경에서 영유아 교사로서 어떻게 영유아를 교육하여야 하며, 또한 영유아 교사가 갖추어야 하는 소양은 무엇인지를 다시 한번 생각해 볼 필요가 있다.

정보화·다원화된 글로벌 사회에서는 새로운 정보를 창출하는 창의적 사고, 비판적 사고, 총체적 사고, 사회적 의사소통능력을 기르는 것이 중요하다고 공통적으로 지적하고 있다. 특히 첨단과학 및 정보화 사회에서 지식과 정보 그리고 자신의 생각을 명료하게 효과적으로 전달하는 능력의 함양이 필요하며(김경휜, 김미란, 김성

수, 2012), 사회 구성원 상호 간에 합리적이고 논리적인 의사소통을 위해 자신의 견해를 논리적으로 설득하는 능력은 필수적이라 하겠다.

최근 「유엔미래보고서」(2013)의 교육 관련 예측에 의하면, 앞으로는 읽고 쓰는 문해능력을 넘어 멀티기능의 문해력이 요구되며, 지식을 수동적으로 받아들이지 않고 스스로 찾고 소통하는 소셜미디어, 모바일 학습, 상호교환 학습의 형태가 중심이 될 것이라고 보고 있다. 이와 같이 미래의 사회에서 요구되는 능력으로 창의적 문제해결능력, 의사소통능력, 융합하고 서로 협동할 수 있는 능력, 지속적인 자기주도적 학습능력 등을 들고 있다. 이 능력들 중 다양한 매체를 활용하여 의사소통하는 능력은 자신의 느낌, 생각, 경험, 아이디어 등을 상대방과 교류하는 능력을 의미하는데, 상대방과 각기 다른 관점의 차이를 좁히기 위한 과정에는 논리적인 설득이 포함된다고 하겠다. 특히 다문화 사회나 글로벌 사회에 적합한 의사소통능력을 키우기 위한 교육은 자신의 의견을 나타내는 것에서부터 시작되어야 할 것이다.

효율적인 의사소통을 위해 자신의 의견이나 생각에 대해 근거를 제시하며 기술하고, 설명하며, 추론하도록 하여 상대방의 이해와 공감을 이끌어 내는 것이 필요하다. 이를 위해서는 무엇보다 객관적인 근거에 기초한 논리적 사고가 필요한데, 언어교육뿐 아니라 수학교육에서도 효과적으로 상호교환하는 의사소통을 중요하게 다루고 있는 것은 논리적 사고를 반영한다고 볼 수 있다. 이러한 논리적 사고와 이에 대한 표현능력은 의사소통능력, 융합하고 협동하는 능력의 근간이 되는 것으로, 미래 인재의 핵심역량이라 할 수 있다. 이러한 핵심역량을 키우기 위해서는 영유아를 지도하는 교사 역시 의사소통능력이 필수적이다. 영유아 교사들은 영유아의 발달과 지도를 지원하기 위해 제한적인 언어능력을 가지고 있는 영유아와 의사소통해야 할 뿐 아니라 다양한 사고와 가치를 가진 부모와도 의사소통해야 하기 때문이다.

따라서 영유아 교사나 예비교사들은 다양한 매체를 활용하여 상대방에게 자신의 생각, 느낌, 경험, 아이디어를 효과적으로 표현하고 공유하는 능력을 갖추는 것이 중요하다. 이러한 관점에서 볼 때 효율적인 의사소통을 위해서는 무엇보다도 상대방이 수용하고 이해할 수 있는 객관적 근거를 바탕으로 자신을 표현하는 능력, 논리적 사고에 기초한 논술에 대한 소양이 필요할 것이다.

2. 논리적 사고능력

우리는 일상생활의 다양한 문제에 직면하고 이를 나름대로 해결한다. 그러나 일상의 문제를 해결하는 방법이나 접근에는 저마다 많은 차이가 있다. 문제해결 방법을 결정하는 것은 문제 상황에 수반되는 감정적 측면이 지배적인 경우와 사실적 측면이 지배적인 경우로 나누어 볼 수 있을 것이다. 뉴스에서 홧김에 한 행동에 의한 사고를 자주 접하게 된다. 부부싸움을 하다가 불을 지르거나, 이웃집이 시끄럽게 한다고 하여 분쟁으로 이어지는 것이 그 예라고 할 수 있는데, 이는 문제로부터 수반되는 감정이 문제의 원인과 해결책을 찾는 시도보다 우선하기 때문에 일어나는 것이라 볼 수 있다. 이러한 문제해결 방법은 문제의 사실에 초점을 두고 원인을 분석하고, 해결 가능한 방법들을 찾아보고, 이 방법들에 따른 결과들을 유추하고는 가장 적합한 방법을 선택하여 시행하도록 하는 논리적 사고가 부족한 것과도 관련이 있다.

일상의 문제해결 과정에서 원인과 결과를 연결 짓고 이러한 타당한 근거에 따른 추론을 경험하면서 논리적 사고가 발전하게 된다. 따라서 일상생활에서의 문제해결에 관한 경험이 논리적 사고에 중요한 영향을 주며, 특히 논리적 사고의 발달에 있어 우리나라의 사회문화적인 맥락도 고려되어야 할 것이다. 비고츠키(Vygotsky)에 의하면, 논리적 관계는 문화에 기초를 둔 공유된 활동을 통해 전수되는 것으로, 유아는 질문이나 서술을 통해 논리적 관계가 분명해질 때 논리를 자기 것으로 만들 수 있다(김민경, 홍혜경, 이지현, 이정욱, 2006). 그러므로 논리적 사고의 발달에는 사회적 상호작용을 통하여 자기 의견이나 주장을 나타내고, 그 주장의 합당한 이유를 제시하며, 그 주장이 수용되거나 수정되는 다양한 경험이 필요하다. 그러나 자기표현이나 자기주장이 수용되지 않는 사회적 분위기뿐 아니라 논리적 근거에 기초하지 않는 자기표현이나 자기주장이 수용되는 사회적 분위기도 논리적 사고의 발달에 있어서 저해 요인이라 볼 수 있다. 영유아를 지도하는 교사들은 자기중심적 사고를 하는 유아들을 어떻게 논리적 사고의 발달로 안내할 수 있을까? 영유아 교사가 유아와의 상호작용을 통해 논리적 관계를 이해시켜야 하므로 영유아 교사 역시 논리적 사고는 필수적이다.

영유아 교사는 평소에 자신이 어떤 논리적 사고를 하면서 생활하는지, 자신의 의사결정이 논리적 근거를 토대로 이루어지는지 아니면 경험을 토대로 이루어지는지, 자신의 의사결정에 근거를 제시할 수 있는지 등을 질문함으로써 자신의 논리적 사고능력을 점검할 수 있을 것이다.

영유아 교사의 논리적 사고를 키워 주는 논술은 교사 양성 프로그램에 포함되고 있다. 우리나라의 경우도 2010학년도부터 논리 · 논술 과목을 교직과목으로 규정하고 있다. 미국의 경우, 뉴저지주 유아교사 양성 프로그램으로 인증받은 로언 대학교에서는 유아교사 자격증을 취득하기 위해서 인문사회과학 과목을 30~32학점 이수해야 하며, 그중 글쓰기와 문해(literacy)를 복수전공으로 선택하도록 규정하고 있다(배소연, 2013). 이러한 미국 유아교사교육 프로그램을 볼 때 유아교사의 양성에서 전공과목과 버금가는 비중으로 글쓰기나 문해 관련 소양이 중시되고 있음을 알 수 있다. 이와 같이 많은 유아교사 양성 대학의 교육과정에서도 논리 및 논술 혹은 글쓰기 과목이 전공필수과목이나 교양필수과목으로 다루어지고 있어 그 중요성과 비중이 커지고 있음을 볼 수 있다.

3. 창의적 사고능력

정보 중심 지식 기반 사회에 접어든 오늘날에는 많은 지식을 소유하는 것이 더 이상 의미가 없다. 빠르게 변화되고 넘쳐 나는 지식이나 기술들로 인해 금방 바뀌거나 쓸모없어질 수도 있는 지식을 소유하기보다는 지식에 의미를 부여하거나 해석을 가하여 또 다른 지식이나 창의적 산출물을 만들어 내는 능력이 중요시되는 시대가 되었다(배은미, 2007). 즉, 오늘날에는 기존의 사고방식이나 형식에서 과감히 탈피하여 새로운 방향에서 문제를 지각하고 해결하는 창의적 사고가 필요하게 되었다.

창의성을 현대인이 갖추어야 할 가장 중요한 소양으로 인식하기 시작하면서 기업은 창의성을 지닌 다양한 인재를 선발하고자 하며, 학교 교육에서도 창의성을 가진 인재를 양성하고자 노력하는 등 사회 전반에서 창의성이 강조되고 있다. 창의성 교육은 개인의 잠재적 본질과 가능성을 실현시키도록 함으로써 개인적 차원에서 삶의 질을 한층 높일 수 있으며(Davis, 1998), 아인슈타인(Einstein), 에디슨(Edison), 모차르트(Mozart), 피카소(Picasso), 셰익스피어(Shakespeare), 백남준, 스티브 잡스(Steve Jobs) 등이 이룬 것처럼 창의적 작품이나 산출물, 문제해결 등을 통해 개인의 사회적 공헌(social contribution)을 이끌어 낼 수 있다. 이 밖에도 창의성 교육은 변화하는 미래 사회에 효과적으로 적응하고, 현재와 미래 사회에 직면하게 될 많은 문제와 위험 상황 그리고 여러 가지 도전이나 정신적인 스트레스에 잘 대처할 수 있는 능력을 갖추게 할 수 있다(남순현, 2006).

이에 따라 전 세계적으로 비판적 사고와 함께 교육의 가장 큰 목적 중의 하나로 창의성이 부각되고 있으며, 우리나라에서도 유아 각자가 독창적이고 독특한 능력을 발휘할 수 있는 사람으로 자랄 수 있도록 기초적인 사고능력을 토대로 유연하고 창의적인 사고능력을 기르는 데 중점을 두고 3~5세 연령별 누리과정(교육과학기술부, 2013)을 구성하였다.

어떻게 해야 창의적 사고를 잘할 수 있을까? 칙센트미하이(Csikszentmihalyi, 1996)는 우리가 '창의적'이라고 부를 만한 아이디어나 업적이 한 개인의 머릿속에서 나오는 결과물이 아니라고 하였다. 그것은 기존의 지식체계로부터 배워 무지를 일깨울 수 있는 영역, 무수히 쏟아져 나오는 새로운 업적을 인정하고 입증해 주는 현장, 개인이라는 세 가지 요소가 어우러져 빚어내는 상승 작용의 결과물이라고 한다. 즉, 창의적 사고를 한다는 것은 개인이 기존의 지식을 바탕으로 새로운 아이디어를 산출해 내고 그 아이디어를 활용·적용할 수 있는 환경이 뒷받침되어야 가능하다.

창의적 사고를 위해서는 소극적인 측면에서 창의적 사고를 방해하는 장애 요소들을 제거하는 노력을 할 수 있다. 순응하는 태도를 버리고, 새로운 생각이 어떻게 판단될지에 대한 걱정을 버리고, 답을 당장 찾으려는 조급증을 없애는 노력을 통해 창의적 사고가 더 촉진될 수 있다. 적극적인 측면에서는 창의적 사고를 위해 직접적인 교육이 가능하다. 창의적 사고는 교육을 통해 계발되고 향상될 수 있다(Csikszentmihalyi, 1996).

토랜스(Torrance)는 창의적 기술을 가르칠 수 있고, 창의적인 기술을 습득하게 되면 창의적인 행동이 일어날 가능성이 더 높아질 수 있다고 확신하였다. 하지만 그러기 위해서는 끈기, 용기, 자신의 일에 대한 사랑과 같은 특성들이 함께 존재하여야 한다고 주장하였다. 즉, 적어도 탁월한 창의적 성취를 위해서는 '강렬한 열망'이 있어야 한다는 것이다.

이 장에서는 창의적 사고란 무엇이며, 창의적 사고는 어떻게 구성되는지를 알아보았다. 다음 장에서는 유아기 창의성이 어떤 의미를 가지는지를 살펴보고, 유아기 창의성 발달을 위한 교사의 역할에 대해 생각해 보기로 한다.

제2장 창의 · 인성교육

1. 융합인재교육

'축의 전환'이라는 용어가 있다. 10년 후 우리가 살고 있는 지금의 세상은 없다고 한다. 우리는 디지털 세상에서 가상과 현실의 경계 사이에서 살아갈 것이다. 우리가 살고 있는 세상은 급격한 변화의 과정을 거쳐 새로운 시대로 변화하고 있다. 앞으로 우리가 살아갈 세상은 새로운 아이디어, 혁신 창의성을 기반으로 하는 생산적 경제체제를 의미하고, 이와 같은 창조경제 시대의 가장 중요한 특징은 학문 간 통합과 융합을 통해 공감하고 창의적으로 문제를 해결하는 능력을 갖춘 인재 양성이 필요하다는 것이다(이연승, 2013). 따라서 전 세계적으로 글로벌 시대를 이끌어 갈 창의적 인재를 양성하는 데 주력하고 있으며, 우리나라에서도 2011년부터 융합인재(STEAM)교육을 본격적으로 도입하여 정책으로 추진하고 있다. 이와 같은 교육정책 방침에는 과학기술 양성의 첫 단계인 초 · 중등 수학–과학 교육을 강화하는 과제가 처음으로 포함되었다. 융합교육은 과학 선호도를 향상시키고 자기주도 학습능력을 끌어올리고 창의융합적 사고능력을 배양하는 것이다.

핀란드에서도 교육제도 개편을 통해 2016년부터 주제 중심 수업으로 학생들을 가르친다. 예를 들어, '유럽연합'이 토픽이면 학생들은 2시간 동안 언어, 경제학, 역사, 지리 등을 동시에 배우게 된다. 개별 과목 수업으로는 더 이상 현대 사회의 산업이 요구하는 '통섭형 인재'를 길러낼 수 없다는 인식이 반영되어 점차적으로 과목별 수업이 없어질 전망이라고 하였다(매일경제, 2015. 4. 8.). 앞으로는 학생들의 사고와 다양한 관점을 토론할 수 있는 수업이 본격적으로 이루어질 전망이다.

융합인재교육은 1990년경에 미국에서 시작한 STEM(Science, Technology, Engineering, & Mathematics) 교육의 영향을 받았으며, 통합교육의 전통적 기반에 융합을 키워드로 하여 다양한 지식을 활용해 복합적인 문제까지도 해결할 수 있는 능력을 함양하는 것을 목적으로 한다. STEAM(Science, Technology, Engineering, Arts, Mathematics)은 단절된 지식교육에 중점을 둔 교과교육의 문제점 해결을 위해 근본적인 변화를 시도하려는 교육정책이다. 그동안의 융합인재교육의 효과를 보면, 이 교육을 받은 학생들은 과학 선호도, 자기주도 학습능력, 문제해결력, 문제 인식력이 향상되었다(장명림, 2015).

우리의 옛 속담에 우물을 파되 한곳을 깊게 파라고 했다. 그런데 요즈음은 깊고 넓게 파라는 이야기를 넘어, 우물 여러 곳을 파서 엮으라는 이야기까지 등장하고 있다. 이러한 시대적 흐름은 이제 한 가지 생각으로는 급격하게 변화하는 디지털 세상, 과학에 기반한 세상을 따라갈 수 없다는 것이다. 다양한 사고와 생각이 서로 합쳐진 교육만이 미래 사회를 이끌어 가는 원동력이 된다. 이에 STEAM이 말하는 융합은 실생활 속에서 나타나는 자연스러운 융합을 의미한다. 미래 사회의 실생활 문제는 어느 한 과목의 지식만으로 풀 수 없으며, 여러 학문의 지식을 활용해야 해결 가능한 복합적인 문제이다. 따라서 실생활에서 문제를 해결하기 위해서는 여러 교과의 지식을 활용하는 과정에서 자연스러운 융합이 필요하다.

21세기를 맞아 우리 사회는 의사소통 양식이 빠르게 변화하고 있다. 이러한 속도의 변화는 교육의 의미와 방식에 있어서도 다양한 접근을 요구하기도 한다. 오늘날 우리 사회에서 일어나고 있는 변화는 단순히 지식이나 정보의 양이 기하급수적으로 증가하는 양적인 변화가 아니라 다양성에 대한 질의 변화이다. 우리 삶에 필요한 지식이나 정보를 컴퓨터나 SNS를 통해 얻고 있다. 특히 디지털 활용의 일환으로 스마트폰, 컴퓨터에서는 교과서보다 훨씬 많은 정보를 얻을 수 있다. 지식과 정보는 이제 교육 현장에만 있는 것이 아니다.

4차 산업혁명시대에는 삶의 표준이 달라져야 한다. 뉴노멀(New normal)이 필요하다. 백과사전을 보면, '뉴노멀'이라는 용어가 처음 사용된 것은 2004년 로저 맥너미(Roger McNamee)에 의해서이다. 『뉴노멀(새로운 표준): 고위험 시대의 거대한 기회(The New Normal: Great Opportunities in a Time of Great Risk)』라는 저서에서 인터넷 시대의 세계경제를 위협하는 요소와 새로운 기능성에 대해 탐색하면서 뉴노멀이라는 용어를 보편화시켰다. 이에 뉴노멀을 정리하면, 시대 변화에 따른 사회적·경제적 표준을 말한다. 즉, 시대적 변화에 따라 새롭게 바뀐 표준은 전 세계로 확산된 코로나바이러스감염증-19 사태 이후 사회적 거리 두기, 대면접촉 서비스의 불황, 언택트 문화의 확산과 같은 새로운 사회 문화적 양상 및 그 영향으로 개편되어 새로운 패러다임이 시작된다(호남매일, 2020).

한편, 앞으로의 미래 세대는 국적이나 국경의 의미가 없는 글로벌 시대의 삶을 살아가며, 무한경쟁의 시대에 필요한 새로운 능력이 요구되고 있다. 통합, 통섭, 융합의 시대에 우리는 어떠한 관점으로 세상을 보아야 할 것인가? 또한 교육을 담당하고 있는 유아교사는 어떤 안내자의 역할을 해야 하는가? 이에 대해서도 깊게 생각해 보아야 할 것이다.

각 시대마다 요구하는 인재상이 있다. 18세기 이전까지는 대부분 농경과 목축에 의존했기 때문에 농업과 연관된 노동자들이 필요했고, 이를 위한 교육이 이루어졌다. 산업화 시대에는 공장 노동자를 빨리 양성해야 했기 때문에 그에 맞는 교육이 전개되었으며, 20세기 정보화 시대에는 지식근로자를 양성하기 위해 그에 필요한 교육이 이루어졌다. 미래에는 상상이 과학과 만나 우리가 꿈꾸는 세상을 만들어 간다. 인스타그램, 페이스북, 메타버스, AI, 인공지능을 활용한 디지털 네트워크 세상에서 인간은 개인적 성장을 위한 도전 기회를 가질 수 있을 것으로 본다. 이때 감성과 공감능력이 뛰어난 상상력이 풍부한 인재가 필요하다.

미래의 사회는 창조의 시대로서 창의력과 상상력 교육이 필요하다. 다니엘 핑크(Daniel Pink)는 미래 사회에서는 수평적 · 통합적 교육으로 스토리, 디자인, 공감, 조화, 의미, 놀이 등의 요소를 확보하고 이를 사고하게 하며, 합리적이고 논리적이며 비판적으로 사고하게 해야 한다고 하였다(이대영, 2009).

인간은 사회의 일원이며, 가정, 또래, 학교 및 기타 집단과의 사회적 상호작용을 통하여 문화를 학습하고 이를 내면화함으로써 인간다운 인간으로 성장하게 된다. 다양성, 소통, 통합, 통섭, 융합이라는 새로운 용어들이 공존하는 시대에 다니엘 핑크(Pink, 2005)는 정보화 시대에서 개념화 시대로 전환되고 있는 것이라고 하였다. 그는 개념화를 종합적 사고능력으로 정의하였다. 따라서 종합적 사고능력을 발휘하기 위해서 기존의 지식에 근거하여 현재의 문제 상황을 판단하거나 논리적으로 해결하는 시대는 지났으며, 기존의 맥락에서 정보를 적용하거나 조합시키는 능력이 요구되고 있다.

이에, 앞으로는 논리와 창의성이 결합된 융합인재(STEAM)를 양성하는 것이 목적이라 할 수 있는데, 이를 위해서는 학생 스스로 깨우치는 교육과 흥미와 재미가 부여된 학습이 필요하며, 과학기술의 흥미와 이해를 높일 수 있는 융합적 소양과 실생활의 문제해결을 할 수 있는 교육이 필요할 것으로 본다.

2. 창의교육

우리는 지금 정보과잉시대에 살아가고 있다. 인터넷 접속만 가능하다면 언제 어디서든지 원하는 정보를 찾아볼 수 있다. 정보과잉시대의 돌파구는 다른 사람이 만들어 낸 콘텐츠를 목적에 따라 가치 있게 구성하여 배포하는 일로, 이것이 4차 산업혁명시대에서의 성공의 기회라고 한다.

스티븐 로젠바움(Stephen Rosenbaum)은 책 『큐레이션』에서 다른 사람이 만들어 낸 콘텐츠를 목적에 따라 가치 있게 구성하여 배포하는 일이 큐레이션이라고 정의하면서, 큐레이션은 정보의 결핍에서 과잉으로 흐르는 과정에서 필연적으로 나타나는 현상이라고 하였다. 큐레이션은 큐레이터라는 말에서 시작한다. 큐레이터란 미술관, 박물관에서 전체 업무를 관리 · 감독하는 직업을 말한다.

1인 미디어 시장은 계속 증가하고 있다. 정보의 홍수 시대에서 한 번에 많은 양의 정보를 흡수하는 것은 쉽지가 않다. 이제 검색의 시대는 끝나고, 큐레이션의 시대가 시작되었다. 넘쳐 나는 정보를 걸러 내 전달하는 직무기술능력이 필요하다. 이때 독자의 플랫폼 확장에서 가장 중요한 역할을 하는 것은 콘텐츠 큐레이터이다. 인터넷 큐레이터는 글, 이미지, 공간, 형태 간의 관계에 대해 일반 편집자보다 더 시각적인 감각이 필요하며, 콘텐츠 큐레이터는 그 상황을 넘어서 기존에 있는 콘텐츠를 목적에 따라 가치 있게 구성하여 배포하는 것이다.

그동안 미디어가 소비자를 리드했다. 이제는 소비자와 미디어가 쌍방의 관계로서 역할을 담당한다. 넘쳐 나는 양적인 정보를 질적인 정보로 전환하는 역할이 필요하다. 인터넷상에서 질 좋은 콘텐츠를 소비자에게 어떻게 보여 줄 것인가에 대한 고민이 필요하다. 2019년 경기 뉴 미디어 페스티벌에서 '미디어 오늘' 이정환 대표는 "새로운 문법과 새로운 원칙이 필요하며, 타고 온 배를 불사르고 앞으로 나아가야 할 때"라고 밝혔다. 미디어 플랫폼은 계속 진화한다. 스티븐 로젠바움은 책 『큐레이션』에서 "세상에 새로운 것은 없다. 콘텐츠를 걸러 주는 인간의 필터에 주목하라." 라고 제시한다. 이 말의 의미를 되새겨야 한다. 콘텐츠 플랫폼을 담당하는 인간의 감각적인 능력이 중요하다.

창의적 사고에 대한 우리의 접근법은 통합적이고 모든 분야를 포함한다. 직관, 사고력, 유창성 등을 종합적으로 사고하고 판단할 수 있는 능력이 있어야 한다. 전 문화 추세가 가속화되면서 우리는 너무나 많은 지식과 정보를 받아들이고 있지만 정작 그것들의 기원이나 의미는 무엇인지, 그것들을 어디에 어떻게 사용할 것인지 등에 대해서는 거의 파악하지 못한다. 전문적 지식의 양은 늘어나는데 학문 간의 교류는 오히려 줄어들고 있으며, 현대 사회는 지식의 풍요 속에서 오히려 제자리를 찾지 못하고 있는 실정이다.

창의성이란 인간의 잠재능력을 설명하기 위한 가설적인 개념으로 구체적인 실체가 없다는 점에서 정의하기가 어려우며, 창의성을 창의적인 사람이 가지고 있는 개인적 특성으로 보기도 하고 새롭고 적절한 아이디어를 통한 창의적 행동이나 산출물로 보기도 하는 등 다양한 관점과 이론이 존재한다(교육과학기술부, 2011a).

창의성을 발휘한다는 것은 무엇이 아니라 '어떻게' 문제를 제시하고 생각했다고 이야기하는 것이다. 창의적 발상의 근원은 무엇을 끄집어낼 것인가가 아니라 어떻게 끄집어낼 것인가에 달려 있다(문용린, 2007). 이에, 미래의 인재를 양성하는 첫 번째 교육 현장의 유아교사는 유아들의 일상적인 놀이와 삶 속에서 창의적 사고활동을 할 수 있는 기회를 제공해야 할 것이다.

3. 인성교육

20세기가 지식 기반의 사회였다면, 21세기는 통합의 시대, 통섭의 시대라고 한다. 통합을 넘어 통섭의 시대는 자연과학과 인문과학의 만남, 아날로그와 디지털의 만남이 이루어지는 시대이다. 21세기를 살아가는 지혜로서 '디지로그'의 통합적 사상이 설파되었다(이어령, 2012). 대부분의 사람은 아날로그적 사고란 무조건 뒤떨어진 것이라 생각한다. 그러나 바로 아날로그가 주는 우리 사회의 미덕은 삶 속에서 아름다운 감동을 준다.

디지털이 우리의 일상생활을 지배한다고 하지만, 인간은 예로부터 내려오는 전래동화와 삶에 대해서 더 관심을 갖고 따스한 인간미를 느낄 것이다. 전래동화 속에서 나오는 미덕, 배려, 존중이 우리의 삶이고, 인간이 주체이기 때문이다.

'메타버스'라는 용어가 있다. 디지털 용어인 메타버스는 가공, 추상을 의미하는 '메타(meta)'와 현실세계를 의미하는 '유니버스(universe)'의 합성어로 3차원 가상세계를 의미한다. 실제 세상이 게임 속 세상과 같이 펼쳐지는 세상이다. 증강현실, 가상의 세계, 라이프 로깅, 거울 세계 등 우리는 가상공간 세상에 살고 있다.

디지털은 우리에게 인간상을 배제한다고 생각한다. 하지만 메타버스라는 가상의 공간에서 인간은 서로가 지켜야 할 예의와 규범이 필요하다. 가상의 공간이지만 삶은 인간이 만들어 간다. 가상의 공간 메타버스에서 만나는 아바타는 인간이 만들어 낸 가상인물이다. 디지털 세상을 만들어 갈 때 인간의 삶의 본질에 대해서 생각하는 자세를 가져야 할 것으로 본다.

글로벌 사회를 이끌어 갈 21세기 인재가 갖추어야 할 핵심역량으로서 창의성의 중요성이 대두되고 있으나, 그 이전에 도덕성 교육이 먼저 바탕이 되어야 할 것이다. 창의적인 인재가 국가 경쟁력이 되고 바람직한 방향으로 사회에 대한 영향력을 행사하기 위해서는 인성적 측면의 성숙이 절대로 필요하며, 올바른 인성의 틀 속에서 도덕성 교육이 이루어져야 할 것이다(교육과학기술부, 2011a).

우리나라의 미래 사회 교육정책의 방향은 인성교육을 통한 도덕적 품성을 갖춘 창의적 인재, 입학사정관제도 정착, 적성교육과 창의 · 인성의 입시 반영이라고 한다. 이러한 때에, 우리의 현장의 교사와 학부모들은 어떻게 창의 · 인성교육의 틀을 잡아야 할 것인가에 대해서 많은 고민을 할 수밖에 없다.

앞으로 인간은 가상세계와 현실세계 모두에서 살아갈 것이다. 가상세계 플랫폼 속의 나와 현실세계에서 살아가는 나는 다른 자아를 가지고 살아가지만, 결국 인간이다. 디지털 미디어 세상에서 쓰이는 다양한 언어에 대해서도 교육이 필요할 것으로 보인다. 디지털 세상이 우리 사회를 강타한다는 것은 디지털 세상 안에서의 언어, 매너에 대한 교육뿐만 아니라 인성교육이 필요함을 의미한다. 메타리터러시에 대한 교육과 함께 인성교육은 우리가 살아가는 시대에 꼭 필요하다.

인성이라는 것은 그 나라의 고유의 문화와 미풍양속 그리고 삶 속에서 보이며 '가랑비에 옷 젖듯이' 스며드는 과정에서 이루어져야 하는데, 인성을 교육이라는 용어로 현장에서 접근하는 현시점에서 우리 모두를 다시 돌아보게 된다.

조벽(2011)은 미래 사회의 인재는 타인과 함께 어울리는 공동체 마인드와 지혜를 가져야 한다고 제안한 바 있다. 인간은 사회관계 속에서 살아가기 때문에 자신의 행동이 다른 사람에게 미치는 영향을 이해하고 자신의 행동을 자율적으로 통제하면서 다른 사람과 효율적으로 살아가며 의사소통할 수 있는 능력이 필요하다(권정윤, 2012). 즉, 올바른 인성과 도덕적 판단력을 구비한 인재를 육성하려면 현장의 교사들이 인성의 의미를 제대로 알고 교육철학을 알며 교육전략을 실천해야 한다.

4. 창의 · 인성교육

인성의 사전적 의미는 "사람의 성품"이며, 성품은 "성격과 품격"이라 할 수 있다. 성격은 정신적인 바탕 혹은 본디부터 지니고 있는 독특한 바탕으로 정의되며, 품격은 물건의 좋고 나쁨의 정도, 혹은 품위, 기품이라고 정의된다(민중서림 편집부, 2010). 또한 존 로크(John Locke)는 유아들은 도덕적 앎, 도덕적 감정, 도덕적 행동이 어우러질 때 그 결과로 좋은 인성을 갖게 된다고 한다. 이러한 인성을 발달시키기 위한 의도적이고 행동지향적인 노력을 인성교육이라고 한다(Locke, 2012).

유아교육과정인 누리과정에서 추구하는 인간상에 '감수성'이라는 용어가 등장함과 함께 유아들에게 자연과 함께하는 놀이를 강조한다. 이는 현실과 가상의 세계가 공존하는 디지털 시대에 먼저 갖추어야 할 것이 자연과 함께 공존하는 것이며 인간의 존엄성이 더 중시되어야 함을 의미한다.

새로운 미래에 유아의 수업방향이 놀이를 더욱더 강조하는 것임을 보더라도 미래의 교육과정에서는 사람의 됨됨이, 바로 인성이 먼저 정립되고 창의성이 이루어져야 한다. 이를 위해서 인간은 균형 있는 마음을 유지해야 할 것이다. 그리고 균형 있는 삶을 위해 인성교육이 필요한 것이다.

인성의 정의와 같은 맥락으로 쓰이는 용어 중에 '애티튜드(attitude)'라는 용어가 있다. 애티튜드의 어원은 '앱투스(aptus)'로, '준비' '적응'이라는 의미이다. 심리학자 융(Jung)은 애티튜드를 어떤 특정한 방향으로 행동하거나 반응하는 정신의 준비 태세라 정의하였고, 심리학자 올포트(Allport)는 어떤 사람에 대하여 특정한 방식으로 생각하고 느끼고 행동하려는 학습된 성향이라고 정의하였다. 따라서 애티튜드란 외형만이 아닌 사고와 감정의 복합체라고 할 수 있다. 좋은 애티튜드란 성공과 행복을 지향하고 내적인 정서, 사고와 부합되는 일관된 행동이라고 할 때, 유아에게 도덕적 · 인성적으로 모델이 되는 유아교사의 인성은 바르게 정립되어야 한다.

이를 위해서 교사의 균형 있는 삶을 위한 성찰교육도 필수가 되어야 한다. 타인에 대한 배려와 함께 자신의 삶을 긍정적인 자세로 바라볼 수 있는 안목과 끊임없는 주도적 학습을 통해 논리적 · 창의적 사고를 확립할 수 있도록 해야 한다.

제3장

논리 · 철학교육

1. 철학적 사고의 개념

'철학' 하면 대부분 "아, 머리 아파." 한다. 일반인이라면 더 이상 생각하기도 싫은 것이 철학이다. 최근에는 '창조적으로 생각하기'라는 용어를 많이 들어 보았을 것이다. 창조적인 생각을 하려면 먼저 기본 개념이 잘 형성되어야 한다. 창의성이라는 것은 하루아침에 만들어진 것이 아니다. 예를 들어, '사과' 하면 우리는 만유인력을 발견한 뉴턴(Newton)을 생각하게 된다. 뉴턴은 만유인력을 늘 생각해 왔다. 그래서 어느 날 사과가 떨어지는 것을 보고 그 이론을 발견하게 되었던 것이다. 창조적이라는 것은 '생각을 다시 생각하는 것'이다. 그리고 철학은 우리가 일반적으로 생각하기에 '개념 있게 생각하는 것'이다.

철학(philosophy)이란 그리스어 philia(사랑)와 sophia(지혜)의 합성어로, 지혜를 사랑하는 학문이다. 철학은 단순히 지식을 아는 것이 아니라 참된 지식을 탐구하는 것이며, 지식의 진정한 의미를 삶 전체와 관련하여 파악하고 활용하는 탐구 활동이다.

철학은 사물의 근원을 묻고, 전제(前提)를 탐구하며, 생각의 방식 자체와 삶의 의미를 반성하는 학문으로 기본 원리의 탐구라는 특징과 포괄적 · 규범적 · 비판적 · 분석적이라는 특징이 있다. 따라서 철학의 주된 관심은 존재, 지식, 가치의 문제이다. 정리하면, 철학이란 그 시대가 살아가는 관점에서 존재에 대한 것을 지식으로 푼 것인데, 그것은 그 시대적 산물과 시대적 상황에서 가치로운 것이어야 한다.

철학적 사고란 합리적이고 논리적이며 비판적으로 사고하는 것이다. 철학적이라는 것은 논리적이고 비판적으로 사고할 수 있어야 하며, 상호합리적이어야 한다. 흔히 우리가 사용하는 말은 그 시대가 정하는 언어이다. 언어는 그 시대의 산물이며 유물이다. 예를 들어, 우리가 흔히 쓰는 말 중에 솔이라는 단어가 있다. 우리가 일반적으로 생각하기에 솔은 소나무 잎이다. 그러나 다른 지방에서는 솔이 부추이다. 그러므로 솔이 아닌 부추에 대해서 부정할 수는 없다. 따라서 언어가 애매모호하지 않아야 하는데, 그러기 위해서는 개념을 정리해야 한다. 그런 의미에서 철학의 개념을 알아보도록 한다.

철학은 진리와 지혜이다. 진리와 지혜는 우주, 자연, 인간 등의 본질을 삶에 연결시키려는 데에서 출발한다. 그러나 우주, 자연, 인간 등의 본질을 규정하는 관점에는 학자들마다 차이가 있고, 이를 어떻게 삶에 연결시키는가에 대해서도 차이가 있다. 철학은 철학자 개인이나 학파에 따라 그 견해와 탐색 방법, 내용에 대한 강조 등에 있어서 차이가 있다. 그러나 철학의 공통적 특징은 기본 원리의 탐구이다. 여기에 포괄적, 규범적, 비판적, 분석적 성격이 포함되어야 한다.

2. 논리적 사고와 철학

철학적으로 사고한다는 말은 우선적으로 합리적이고, 논리적이며, 비판적으로 사고한다는 뜻을 내포한다(김영채, 1998). 논리적인 비약을 허용하지 않는다는 것, 다시 말해 논리적인 비약을 범하지 않고서는 결론에 도달할 수 없는 문제에 대해서는 결론을 맺지 않은 상태로 두어도 좋다는 것이 철학을 하는 태도와 입장이다.

철학적으로 사고하기 위해 합리적, 논리적, 비판적으로 생각하려면, 그 생각의 개념이 정리된 단어(낱말)의 의미를 잘 알고 있어야 한다(김용규, 2006; 황경식, 1993). 또한 우리가 사용하는 낱말의 뜻은 무엇이며, 한 낱말이 두 가지 이상의 뜻을 갖는 것은 좋은 일인가 아니면 우리를 혼란시키기만 하는 것인가, 낱말을 정의하는 이유는 무엇이며 정의의 종류에는 어떤 것이 있는가, 애매모호한 말은 어떤 것이며 분명한 말과는 어떻게 다른가 등도 알아야 한다.

단어는 우리의 생각과 말을 담을 수 있는 기본 단위로서, 그 의미를 제대로 이해하지 못한다면 단어로 이루어진 모든 말의 의미도 애매모호해지고, 생각과 말을 전달하는 데도 혼란과 혼동이 생겨난다. 또한 상대방과의 의사소통도 불가능해지며 진리의 길로부터도 멀어지게 된다. 전통적 논리학에 따르면, 철학적 사고의 골격을 이루는 개념(concept)은 한 무리의 각각의 것에서 공통적인 성질을 추출하여 새로 만든 관념(idea, notion, intention, thought; sense, spirit, conception)을 말한다. 예를 들어, 부모, 형제, 남자, 여자, 교사, 유아 등에서는 이들 개개인에 공통되는 성질로서의 '인간'이 개념이다. 또 몇몇 개념이 지니는 각각의 성질을 통일하는 성질에 관한 개념이 있을 수 있다. 진돗개, 푸들, 고양이, 쥐, 까치, 금붕어, 거북이 등의 개념에서는 '동물' 개념을, 또한 동물과 식물의 개념을 통합해서는 '생물' 개념을 만들 수 있다.

일상적으로 한 인간이 어떤 사항에 관하여 무엇인가를 짐작할 수 있을 때 개념을 가지고 있다고 한다. 개념이란 지식의 뜻과 유사하다. 이 외에 어떤 새로운 경험을 반복함으로써 그 일에 익숙해질 때 '개념을 파악했다'고 말하기도 한다.

개념 또는 용어의 의미를 설명하는 것을 정의라고 한다. 개념의 정의는 크게 외연적 정의와 내포적 정의로 나눌 수 있다(김용규, 2006). 외연적 정의는 개념이 가리키는 대상들을 열거하는 것으로서, "척추동물이란 양서류, 조류, 어류, 포유류, 파충류를 의미한다."가 그 예이다. 내포적 정의는 개념의 내포를 기술하여 내리는 정의이다. 예를 들면, "정삼각형이란 세 변의 길이가 같은 삼각형이다."와 같은 형식이다.

한편, 개념을 구분(division)하고 분류(classification)한다고 할 때, 구분은 어떤 개념을 일정한 기준에 따라 두 개 이상의 독립된 범주로 나누는 것을 말한다. '사람'을 예로 든다면, 성별에 따라 남자, 여자로, 연령에 따라 영아, 유아, 아동, 청소년, 성인 등으로 나누는 것이다. 개념을 구분할 때는 구분의 기준이 명료(clear)해야 하고, 그 기준은 하나로 통일(uniform)되어야 하며, 구분은 총괄적(exhaustive)이고 배타적(exclusive)이어야 한다. 분류는 일련의 연쇄적인 구분을 말한다. 직업을 예로 든다면, 우선 직업을 전문직, 비전문직으로 구분하고, 전문직을 다시 의사, 교수, 법조인, 기타 등으로, 그리고 의사는 내과의사, 외과의사 등으로 구분하는 것이다.

1) 유아와 철학교육

오래전부터 철학자들은 우리가 어떻게 세상의 사물을 알게 되는지에 대해 논쟁을 계속해 왔다. 유아들은 순수한 눈으로 직접 감각한 대로 받아들이고 그것을 자신의 생각에 반영한다. 유아는 순수하게 감각한 자료를 수없이 많이 모으고, 그것들을 토대로 반성할 기회를 가지게 되며, 점차 눈에 보이는 현상과 원래의 실체를 구별하는 추론을 하게 된다. 유아들의 지각과 환상 그리고 외견상의 크기나 거리에 관한 문제들은 수학이나 과학 이전에 근본적으로 그 대상을 어떻게 알 수 있는지의 문제, 즉 인식론의 문제가 결부되어 있는 철학적 문제이다.

또한 유아들은 세상의 여러 계기와 마주할 때, 먼저 그 존재의 개념적 정의나 목적을 생각한다. 유아들은 이 세상에 존재하는 모든 것은 이름이 있어야 하고 그 이름을 가진 사물은 존재하는 목적이 있어야 한다고 생각하기 때문이다. 그리고 유아들은 이러한 목적이 또다시 그 사물을 구속하여 그로 하여금 합당한 의미를 성취하게 해야 한다고 생각한다. 세계의 모든 현상이 목적과 목표에 의해 규정된다고 생각하는 유아들의 경향은 사물의 의미를 해명하고자 하는 '형이상학적 욕구'와 관련된다. 형이상학이란 주로 존재의 문제에 직면하여 보다 체계적이고 이론적으로 그 문제의 의미를 해석하고 분석하며 종합적으로 사색하는 철학의 한 부분이다(강영계, 2000; 김득순, 1993a; 김용규, 2006). 유아들이 세계에 대해 눈을 뜨고 사고를 열어 가는 과정은 곧 이러한 형이상학적 욕구와 다를 바가 없는 것이다.

매튜스(Mathews)와 리프맨(Lipman) 등은 유아들의 대화 속에서 이와 같은 인식론적 · 형이상학적 사고는 물론, 윤리적이고 심미적인 사고의 실례를 발굴함으로써 유아 사고의 철학성을 밝혔다. 대학생이나 성인이 되어야 가능하다고 생각했던 철학적 사고를 어린 유아기에 이미 실천하고 있다는 것이다. 여기서 말하는 유아들의 철학적 사고란 앎을 추구하는 사고 방법으로서 철학함(doing philosophy)을 의미한다.

2) 유아교육과정과 논리 · 철학교육

4차 산업혁명시대를 이끌어 갈 전인적 인간을 양성하려는 우리나라 교육의 근간이 되는 유아교육과정은 현재 2019년 개정 누리과정으로 구성되었다. 이에 2019 개정 누리과정이 추구하는 인간상은 '건강한 사람, 자주적인 사람, 창의적인 사람, 감성이 풍부한 사람, 더불어 사는 사람'이다. 이를 실현하기 위한 누리과정의 목적은 유아가 놀이를 통해 심신의 건강과 조화로운 발달을 이루고 바른 인성과 민주시민의 기초를 형성하는 데에 있으며, 이를 위한 목표는 다음과 같다.

첫째, 자신의 소중함을 알고, 건강하고 안전한 생활습관을 기른다.
둘째, 자신의 일을 스스로 해결하는 기초능력을 기른다.
셋째, 호기심과 탐구심을 가지고 상상력과 창의력을 기른다.
넷째, 일상에서 아름다움을 느끼고 문화적 감수성을 기른다.
다섯째, 사람과 자연을 존중하고 배려하며 소통하는 태도를 기른다.

이러한 누리과정의 교육목표를 달성하기 위한 누리과정 구성의 중점은 다음과 같다.

가. 3~5세 모든 유아에게 적용할 수 있도록 구성한다.
나. 추구하는 인간상 구현을 위한 지식, 기능, 태도 및 가치를 반영하여 구성한다.
다. 신체운동 · 건강, 의사소통, 사회관계, 예술경험, 자연탐구의 5개 영역을 중심으로 구성한다.
라. 3~5세 유아가 경험해야 할 내용으로 구성한다.
마. 0~2세 보육과정 및 초등학교 교육과정과의 연계성을 고려하여 구성한다.

이와 같이 우리나라 유치원 교육과정 또한 '비판적, 도덕적, 창의적으로 사고하는, 즉 논리적 · 철학적으로 사고하는 인재'를 키우고자 체계화되어 있음을 알 수 있다.

3. 유아와 철학

1) 코메니우스

현대 유아교육의 기초를 마련한 교육사상가 코메니우스(Comenius)는 유아기에 익히고 배워야 할 교육과정을 소개하였다. 코메니우스는 지식을 형이상학, 자연학, 광학, 천문학, 지리학, 연대학, 역사, 산술, 기하학, 통계학, 기계학, 변증법, 모국어, 수사학, 시학, 음악, 가정경제운영, 정치학, 도덕(윤리), 종교의 20개 항목으로 정리하고, 유아기에 이러한 모든 지식의 기초를 익혀야 한다고 하였다(김선아, 2007). 여기서 주목할 것은 일생을 통해 배우고 알아야 할 교육과정, 즉 모든 지식의 기초 중에 철학적 사고의 영역이 자리 잡고 있다는 점이다.

어머니 무릎학교 시기에 유아가 배워야 할 지식의 기초 중에는 형이상학, 변증법의 기초, 윤리학의 기본인 도덕이 포함되어 있다. 코메니우스는 형이상학적 사고, 논리적 사고, 윤리적 사고 등의 철학적 사고의 기초가 유아기에 형성될 수 있음을 꿰뚫고 있었던 것이다.

코메니우스에 의하면, 유아가 접하는 최초의 개념들은 일반적이며 막연하기 때문에 모든 지식의 구축에 있어 형이상학이 출발점이 된다. 즉, 유아들은 보고, 듣고, 만지고, 맛보지만 그러한 감각을 정확하게 분별하지는 못한다. 그러므로 유아들은 전체적인 개념들, 즉 어떤 것, 아무것도 아닌 것, 있다, 없다, 이런 것, 그게 아닌 것, 어디, 언제, 그와 같은 것, 그와 다른 것 등을 학습함으로써 시작해야 한다. 이것이 바로 형이상학의 최초의 개념들인 것이다. 유아기를 포함한 인간 발달단계에서 철학이 가능하다는 현대 철학자들의 인식이 있기 400여 년 전, 코메니우스는 이미 유아들이 삶 속에서 형이상학적 개념과 만나고 있으며 만나야 한다고 역설했던 것이다(김선아, 2013).

또한 코메니우스는 유아들의 사고를 키우는 대화법에 주목하였다. 유아는 대화가 질문과 답으로 진행된다는 것을 관찰함으로써 변증법, 즉 사고의 기술을 알게 된다. 유아가 스스로 묻고 답하는 습관을 가지게 될 때 변증법적 사고는 시작된다. 따라서 그는 유아에게 요령 있게 질문하고 바르게 답하는 방법을 가르쳐 주어야 하며, 또한 주제와 다른 곁길로 빠지지 않도록 지도해 주어야 한다고 말한다. 자신의 사고와 행위의 근거를 밝히고 주변 상황의 원인과 결과를 파악하며 함께 대화하고 소통하는 가운데 논리의 출발점과 종착점, 즉 시작과 끝이 일관된 논리 전개가 이루어지도록 유아기부터 대화법에 익숙해져야 한다는 것이다.

2) 플라톤

오늘날 유아의 철학적 사고에 대한 보다 적극적인 관심과 이해는 고대 플라톤(Platon)의 가지적(可知的) 세계를 지향하는 영혼에 대한 이해를 통해서도 가능하다. 플라톤은 세계에 대한 인식을 정신적 전환으로, 다시 말해 감각적인 세계, 신체의 세계를 떠나 가지적 세계로 상승하는 것으로 이해한다. 그는 감각만으로는 극복할 수 없는 오류 가득한 세계를 넘어서 밝은 태양 아래 참된 진리가 빛나는 가지적 세계를 찾아가는 과정을 동굴의 비유를 통해 극적으로 보여 준다(박종현, 2005).

플라톤에 따르면 영혼은 오류로부터 벗어나도록 교육받는데, 이 과정에는 고통이 수반된다(남경희, 1991). 감각적 또는 신체적 계기로 인한 인식은 참된 진리를 알려 주지 못하므로, 영혼은 더 이상 무엇이 옳고 그른가를 말할 수 없다. 영혼은 그릇된 확실성에 기초하지 않고, 사물의 원리, 나아가 사물의 가지성(可知性)을 밑받침해 주는 궁극적인 원리로 몸을 돌려 올라가야 한다. 진리를 발견하기 위해서는 감각적인 것으로부터 눈을 돌려 가지적인 형상들을 관조해야 한다는 것이다. 또한 인간의 신체로 접하는 감각적 세계에 대한 부정적이고 비판적인 인식이 철학적 사고의 출발이라는 말이다. 유아에게 신체적 감각을 통해 인식한 사물의 세계가 오류를 내포하고 있음을 알게 하고, 유아를 비롯한 모든 이에게 참된 진리, 즉 이데아의 세계로 나아갈 수 있는 사고 방법에 대한 관심과 이해를 촉구해야 한다.

3) 듀이

유아의 철학적 사고에 대한 이해는 인간 사회 내 경험의 성장을 목적으로 하는 듀이(Dewey)의 사고 및 탐구 개념과도 연계된다. 듀이 철학의 근원은 우리네 실제

삶이다. 사회는 인간 삶의 주요한 일면으로서, 듀이에게 현대인의 삶은 사회와 분리될 수 없다. 실제의 삶 속에서 철학의 과제를 발견하고 탐구하며 이를 통해 삶의 의미를 부여하고자 한 듀이에게 있어서, 인간의 삶은 성장의 과정이며 우리가 소망하는 좋은 삶은 곧 바른 성장이다. 성장은 경험의 성장으로서, 곧 인간 및 환경과의 지속적인 상호작용의 과정과 결과이다. 이때 상호작용의 수단은 대화이며, 공동체 의식도 이렇게 획득되는 경험이다.

유아가 경험한다는 것은 유아의 능동적 수행이 통합되어 형성되는 것을 의미한다. 유아가 삶의 현장, 즉 가정이나 유치원에서 적극적으로 탐구활동을 수행할 때 경험은 성장되어 간다. 탐구가 성공적으로 수행되기 위해서는 지적 능력이 필요한데, 이러한 지적 능력의 작용이 사고이다. 그리고 지력이 작용하여 문제 상황을 해결하는 사고가 바로 탐구이다. 유아는 일상적 삶의 맥락에서 일어나는 일들에 대한 다의적인 해석이 가능하도록 전체를 바라보는 안목과 아울러 자신들의 일상적 삶을 사유하는, 즉 사고하고 탐구하는 기회를 필요로 한다. 유아의 개인적 경험이 단면적이고 부족하기 때문에 다수의 유아가 모여 공동체를 이루고 서로의 삶의 경험을 공유하고 사고하며 함께 반성하고 탐구하여야 한다.

듀이에 의하면, 사고한다는 것은 즉각적인 욕망에 따라 행동하기를 중단하는 것을 의미하며, 욕망이 보다 일관성 있는 행동과 관련될 수 있도록 욕망을 조절한다는 것을 의미한다(이홍우, 2007). 이때 우리는 눈, 귀 또는 손을 사용하여 우리 주변에 놓여 있는 객관적인 상황을 예의 주시하기도 하고 과거에 있었던 일을 회상하기도 한다. 그리하여 사고는 충동에 따라 즉각적으로 행동하는 것을 중단하도록 하며, 주변 상황에 대하여 관찰한 내용과 과거 경험에서 얻은 지식을 기억해 내고, 이러한 관찰과 회상된 지식을 총동원하여 현재 사태를 판단함으로써 욕망을 스스로 통제하도록 한다. 관찰된 사실과 회상된 지식을 총동원하여 충동을 어떤 식으로 조절할 것인가를 판단하는 것이 사고작용의 핵심이 되는 것이다.

단적으로 말해, 사고는 생활 속 문제를 해결하기 위한 도구이다. 듀이에 의하면, 지식은 인간과 환경이 상호작용하는 경험으로부터 나오는 것이며, 경험을 가장 효율적으로 통제하는 방법이 바로 반성적 사고이다(이상욱, 2008). 반성적 사고는 지식 획득의 방식으로서 가장 지적인 경험의 방식이며, 상황이나 대상에 자신의 생각을 비추어 현실성과 과학적 증거를 가지고 하는 사고이다. 이는 반성적 사고(reflective thinking), 본격적 · 과학적 사고, 반향적 · 탐구적 사고라고 일컬어지기도 한다(방인옥, 1992).

반성적 사고는 우선 문제 상황의 인식에서 출발하여, 문제와 관련된 제반 자료를 수집한다. 다음으로는 자료를 바탕으로 가정을 설정하고, 이러한 가정과 가설을 검토하며, 검토한 결과로 정의를 내린다. 이어서 앞서 설정된 가정을 검증할 수 있도록 추리를 통하여 실제적 적용 과정에서 검토하고 하나의 이론으로 정의 내린다. 요약하면, 반성적 사고는 '문제 인식 → 자료 수집 → 가설 설정 → 가설 검증 → 일반화'의 단계를 따르는 사고이다.

4. 유아교사와 논리적 · 철학적 사고

유아교육 현장의 교사들과 부모들은 유아의 생각을 열어 주고 성장하게 하기 위해 노력한다. 교사이든 부모이든 유아이든 누구나 당연하게 모두 잘 알고 있는 것처럼 사용하는 '생각'이라는 말은 여러 가지 의미를 담고 있다. 생각, 즉 사고(thinking)는 인간의 정신적 작업 상황을 총칭하는 개념이다.

피아제(Piaget)는 사고에 관한 이론을 통해 유아의 지각하기, 기억하기, 생각하기, 추리하기와 같은 정신 과정으로서의 인지 발달에 관심을 가지고 사고가 단계별로 발달하고 있음을 밝혔다. 그는 자기중심적이고 직관에 의존하여 인공론적이고 물활론적인 사고를 하는 특징을 지닌 전조작기의 유아를 '자기가 경험한 대로 세계를 지각하는 철학자'라고 칭하기도 했다. 비고츠키(Vygotsky)는 언어가 유아로 하여금 상상하고 조작하고 새로운 생각을 만들어 내고 다른 사람과 나누는 것을 가능하게 하는 정신적 도구이며, 사고를 명료화하고 행동을 규정하거나 자발적으로 조절하도록 하는 사고를 위한 실제적 '메커니즘'이라고 하였다. 그에 따르면, 사고와 언어는 생후 서로 독립적으로 발달하다가 2세경부터 상호 결합하여 언어가 사고를 이끌어 감으로써 유아의 행동 구조나 사고를 지지하는 근원이 된다고 하였다.

다른 한편, 유아의 사고 속에 내포되어 있는 철학성에 주목하는 학자들이 있다. 매튜스에 따르면, 철학적 사고는 인간의 중요한 요소이며, 음악을 한다든지 놀이를 하는 것처럼 유아들에게는 자연스러운 것이다. 리프맨은 유아의 사고 속에 내포된 철학성을 기초로 유아를 새롭게 이해해야 한다고 주장한다. 특히 리프맨의 철학적 탐구 공동체 방법은 비고츠키의 고등정신기능과 대비되어 자주 논의된다.

언어의 의미는 다른 사람과의 상호작용에 의해 규정되고, 언어는 사고를 촉진시키는 중요한 도구이며, 대화를 통한 맥락 안에서 의사소통이 이루어진다. 그러나 비고츠키의 고등정신기능이 비반성적 사고를 포함한다는 점에서 리프맨이 추구하는 합당성 또는 다국면적 · 실천적 지혜 등은 차별화된다.

그러나 유아들의 감각은 아직 어떠한 이론적 관점에도 물들지 않은 상태이므로 그들은 순수한 눈으로 직접 감각한 대로 받아들이고 그것을 자신의 생각에 반영한다.

"나는 생각한다. 고로 존재한다."라는 말은 철학자 데카르트(Descartes)를 대표하는 명제이다. 데카르트가 시도한 것은 자기가 가지고 있는 지식들을 확실한 근거 위에 다시 정리해 보는 것이었다. 그러한 과정을 통하여 새로운 진리를 발견할 수도 있으나, 그에게는 새로운 것의 발견보다는 이미 알고 있는 것의 체계적 정리가 더 중요한 관심사였다. 데카르트는 그와 같은 지식체계의 기본 바탕이 되어야 할 가장 단순하면서 명확한 진리의 명제가 무엇일까를 생각했고, 그 명제에 도달하기 위해서 생각해 낸 방법이 곧 모든 것을 의심해 보는 방법이었다. 그리고 모든 것을 의심의 심연 속으로 내던져 만난 것이 바로 이 명제인 것이다. 따라서 유아교육 현장의 교사는 데카르트가 제시한 것처럼, 일상적 삶 속에서 철학적 사고를 통해 논리적 사고를 함양해야 할 것이다.

제 2 부

논리와 창의적 사고와 교육

제4장

논리적 사고

1. 논리와 사고의 개념

논리(論理)라는 말의 '논(論)'을 풀어 보면 '言+人+一+冊=論'이라 할 수 있다. 이러한 논(論)은 ① 논(의)하다, ② 서술하다, ③ 말하다, ④ 언급하다, ⑤ 따지다, ⑥ 문제 삼다, ⑦ 문제시하다, ⑧ 토론하다, ⑨ 중시하다, ⑩ 평가하여 결정하다, ⑪ 의견, ⑫ 견해, ⑬ 학설의 뜻을 가지고 있다. 이는 책을 모아 읽고 생각하여 여러 사람과 의견을 교환하며 정리하여 말한다(言)는 뜻이 합하여진 말로, '논의하다'를 뜻한다(김광기, 2011). 그리고 리(理)는 '玉+里'로 된 글자로, ① 다스리다의 뜻을 가지고 있다. 여기에 ② 생각하다, ③ 깨닫다, ④ 이치, ⑤ 까닭의 의미로 사용된다. 영어로는 'discuss'(토의하다, 의견을 나누다)인데, 동양적인 한자 풀이의 의미와 유사하다는 것을 생각해 볼 수 있다. 또한 서양에서는 논의의 원리인 논리를 'logic'이라고 한다. 이는 그리스어로 'legein'(말하다)의 명사형인 'logos'(이성)에서 유래되었다. logos는 철학적 이성으로 말, 언어, 논리, 이성이라는 뜻을 가지고 있으며, 더 나아가 사물의 '설명' '이유' '근거'를 뜻한다. 또한 말씀을 분별하는 이성으로, 이야기의 원형이 되기도 한다.

논리의 개념은 국어사전에 따르면 "말이나 글에서 사고나 추리 따위를 이치에 맞게 이끌어 가는 과정이나 원리" 또는 "사물 속에 있는 이치 또는 사물끼리의 법칙적인 연관"이라고 정의하고 있다. 그리고 라이트(Wright)는 "이유 혹은 근거가 분명하고 비약이 없으며 사건(event)들 간의 관계를 타당성에 준거를 두고 검토하는 것"이라고 정의하였다(소홍렬, 2000). 한국교육개발원 등(2010)은 논리의 개념을 "어떤 견해를 받아들일지 또는 어떤 행위를 할지 결정하기 위해서 주어진 언어적 · 비언어적 자료의 논리적 구조와 의미에 대한 파악을 토대로 개념, 증거, 준거, 방법, 맥락 등을 고려하여 최선의 판단을 내리는 것"이라고 정의하였다. 즉, 논리란 어떠한 말이나 글의 내용에서 주장하고자 하는 이유 혹은 근거가 분명하게 연관되어 있고, 정확하고, 타당하고, 객관적인 준거를 두고 사건들 간의 관계를 명확히 분석하여 결론을 내는 과정이나 원리라고 할 수 있다.

한편, 사고(thinking, 思考)의 개념은 국어사전에 "생각하여 궁리한다." 또는 "심상이나 지식을 사용하는 마음의 작용으로 이에 의하여 문제를 해결한다."라고 정의되어 있다. 철학에서는 사고를 사유(思惟)와 같은 말로 '개념, 구성, 판단, 추리 따위를 행하는 인간의 이성 작용'이라고 정의하고 있다. 듀이(Dewey)도 사고를 "지적으로 혼미하고 불확실한 상황(지적 불안정 상태)에 부딪혔을 때, 이를 전제와 객관적 관찰, 판단 등을 사용하여 확실한 상황(정신적으로 안정된 상태)에 이르게 하는 일련의 정신적 작용"이라고 하였다(박지운, 2006). 김영채는 "이해를 목적으로 하는 상징적 활동으로 사려 깊고, 규제적이며, 창의적인 판단과 문제해결을 목적으로 하는 목표지향적인 것으로 내적 표상을 다루고 조작하는 활동이며, 그런 과정을 통하여 의미를 만들어 가고 판단을 내려 문제를 해결하는 행동"이라고 정의하였다(김경연, 2011). 즉, 사고는 문제해결이 필요한 상황에서 자신의 이성을 활용하여 생각을 규제하고, 추론하고, 판단하기 위한 지적인 능력을 활용하는 정신적 작용이라고 할 수 있다.

이와 같이 '논리'와 '사고'에 대한 개념을 종합해 보면, '논리적 사고'란 논리적 규칙과 형식에 따른 사고로, 사고의 내용은 객관적 사실에 근거하여 서로 유기적인 관계를 가지고 있어야 한다. 사고의 형식은 논리적 비약이 없이 일관성과 체계성을 가지고 객관적 사실을 도출하는 것이다. 그러므로 논리적 사고는 합리적인 사고를 토대로 근거가 타당한 주장을 하는 것이라고 할 수 있다. 즉, 어떠한 주장을 하기 위해서는 주장을 뒷받침하는 사건들의 이유나 근거가 유기적인 관계를 가지고 있어야 하며, 이러한 이유나 근거들이 그 주장을 뒷받침하기에 타당하고 일관성 있고 객관적인 결론을 이끌어 내는 것이어야 한다.

이러한 것처럼 논리적 사고는 인간의 사고 전체에 걸쳐 존재하고 있으며, 특히 유아가 다른 사람들의 언어나 자기 자신의 파편적인 사실 지식으로부터 세계에 대해 알아 가기 위해 추론하는 과정에서 논리적 사고는 필수적이다(Pinker, 2007). 즉,

●표 4-1● **논리적 사고**

구분	요소
비판적 사고	• 문제와 개념 명료화하기(문제 파악하기) • 오류 찾기 • 어떠한 사실이나 상황의 옳고 그름과 좋고 나쁨을 가려내기 • 최선의 해결방안 선정하기 • 결정된 입장 시각화하기 • 문제의 원인 인식하기 • 문제 해결을 위한 정보 수집하기 • 다양한 해결방법을 비교, 분류, 대조하기 • 결과 예측하기 • 분명하고 설득력 있게 표현하기 • 적용하고 평가하기
추론적 사고	• 나열되어 있는 개념을 하나의 의미로 종합하기 • 원인과 결과 관계 분석하기 • 논리를 근거로 추론하기
논리적 성향	• 판단 유보하기 • 개선안 제시하기 • 반대되는 주장이 있을 가능성 따져 보기 • 정직하고 객관적으로 생각하기 • 다양한 문제에 관심과 호기심 갖기 • 끝까지 포기하지 않고 문제를 해결하기

출처: 박찬옥 외(2013). **유아교사를 위한 논리 · 창의 교육**(제2판).

유아가 언어를 습득하고 언어를 이해하는 과정에서 논리적 사고를 이미 충분히 사용하고 있다. 이에, 유아교육 현장에서 효과적인 유아의 논리적 사고 교육을 실현하기 위해서는 교사의 논리적 사고가 매우 중요하다. 따라서 교사의 논리적 사고를 통하여 영유아의 궁금증과 호기심에서 출발한 생각을 바르게 이끌어 주고 발전하도록 도와주어야 한다(박찬옥 외, 2013). 이를 위해 유아교사는 하루 일과 속에서 당면하는 모든 문제에 대하여 새로운 산출물이나 해결책을 만들어 내기 위한 사고 과정을 중심으로 교육해야 한다. 논리적 사고를 통한 문제해결을 위해 비판적 사고, 추론적 사고, 반성적 사고 요소를 논리적 사고에 포함하여 다루어 보고자 한다.

1) 비판적 사고

논리력은 타고난 재능이 아니라 연습과 훈련에 따라 얼마든지 개선되고 개발될 수 있다. 최근에는 어떠한 준거에 근거하여 비판적으로 사고하고 수많은 정보를 분별할 수 있는 능력을 갖춘 자를 요구한다. 또한 서로 다른 의견을 가진 사람들을 이해하고 원활한 의사소통을 함으로써 갈등을 해결할 수 있는 역량을 갖춘 인재를 필요로 하고 있다. 따라서 유아의 논리적 사고 발현의 비판적 사고를 위해서는 성인의 적극적인 지원이 필요하다.

비판적 사고(critical thinking)의 사전적 의미는 "옳고 그름을 판단하는 생각을 할 수 있는 능력"이다. 즉, 비판적 사고는 해석, 분석, 평가 및 추론을 산출하는 자기규제적인 판단이며, 동시에 그 판단에 대한 근거가 제대로 있는가와 개념적, 방법론적, 표준적 또는 맥락적 측면들을 알맞게 고려하고 있는가에 대한 설명이다. 비판적 사고는 전적으로 평등하며, 이들을 모두 만족시키는 사고가 훌륭한 사고라고 한 것처럼 호소력 있고 자기교정적인 인간 현상이어야 한다. 따라서 비판적 사고 향상을 위해 유아교육기관에서도 토의, 토론 등 다양한 프로그램을 시도하면서 다른 사람이 이해할 수 있는 언어를 사용하여 논리적으로 표현하는 능력을 향상시키고자 노력을 기울이고 있다.

2) 추론적 사고

교사는 유아에게 절대적 지식을 찾는 것을 가르치는 것이 아니라 균형을 찾도록 하기 위해 잘못된 부분들을 끊임없이 다시 만들어 나가고 발전시키고 바꾸어 가려고 노력한다. 특히 유아에게 또래들뿐만 아니라 사회와 상호작용하면서 서로 존경심을 갖고, 다른 사람의 의견을 경청하며, 서로 도우면서 아이디어를 만들어 나가도록 안내하고 있다. 때로는 신빙성이 없어 보이는 주장에 대해서는 이유를 대도록 도전해 보기도 하고, 추론을 이끌어 내도록 서로 도와주며, 다른 사정들을 찾아보기도 한다. 이는 유아가 처한 상황과 맥락은 어떠한 형태를 갖추지 않는 것들이 없기에 유아의 사전 경험과 지식으로 정보를 이해하는 과정에서 추론적 사고를 하게 하는 중요한 작용이 된다. 즉, 추론적 사고는 유아 자신이 갖고 있는 사전지식과 배경지식을 바탕으로 생각하여 이해하며 소통을 해 가는 것이다.

그래서 유아들은 기초적인 논리를 따르면서도 역풍을 맞으며 가는 배처럼 지그재그로 나가지만, 그러한 과정 속에서 문제가 해결되며 추론적 사고를 통해 논리적 사고를 증진시킨다고 할 수 있다. 따라서 추론적 사고는 논리적 사고에 포함되는 개념이다.

3) 반성적 사고

교사들은 유아교육 현장에서 다양한 여러 가지 문제에 직면할 때 그 문제들을 해결할 수 있는 지식과 기술을 충분히 배울 수는 없다. 따라서 당면한 문제를 최선의 방향으로 판단하고 결정하며 해결할 수 있는 태도와 능력을 길러 주는 것이 매우 중요하다. 이러한 현실에 대해 비판적으로 바라보고 생각해 볼 수 있어야 하고, 또 새로운 관점으로 바라봄으로써 문제를 해결해 볼 수 있어야 하고, 무엇보다 인간이 중요하다는 가치를 우선으로 해서 사람들에게 도움이 되는 것이 무엇인지를 끊임없이 고찰해 보는 태도가 필요하다. 이것이 바로 반성적 사고이다. 즉, 어떠한 문제 상황에 직면했을 때 교사가 가장 윤리적이고 공평한 결정을 내릴 수 있도록 의사결정과 자신의 결정에 대해 재평가를 해 주는 것이 반성적 사고이다.

'논리'라는 것은 단순히 계산적으로 딱 떨어지는 답을 내는 것이 아니라, '참다운 앎'이 무엇인지를 알아내는 과정이다. 따라서 이 참다운 앎을 발견하기 위해서 반성적 사고가 필요하며, 이는 논리적 사고에 포함되는 개념이다.

2. 논리적 사고의 발달단계

1) 논리적 사고와 유아

논리적 사고는 인지능력의 중요한 요소로서, 유아가 두뇌를 사용함으로써 얻어지는 지식의 습득의 과정이다. 많은 학자는 영유아와 아동의 논리적 사고능력이 어떻게 발달하는지에 대하여 관심을 가져 왔다. 피아제와 인헬더(Piaget & Inhelder, 1969)는 유아기 교육이 논리적 사고를 할 수 있는 체계적인 학습의 기회를 주는 데서 비롯되어야 한다고 주장하였다. 인지가 발달하는 유아기 교육은 논리적 사고가 발달할 수 있는 적합한 교육과정이 구성되어야 한다. 또한 논리란 행위로부터 유래하며, 유아는 감각운동기 동안에 논리적으로 일관적인 행위체계를 발달시키고, 그 후에 나타나는 논리는 보다 내적으로 조직화된 행위일 뿐이라고 하였다. 브루너(Bruner)도 유아가 자발적 활동(self-activity)을 하면서 얻는 정신적인 움직임이나 기제가 유아의 행동으로 나타나게 된다고 하였다. 비고츠키(Vygotsky) 또한 발달이 어느 한 지점에서 이루어지는 것이 아니라 행동의 연속 또는 성숙의 정도라고 보았으며, 유아가 나타내 보일 수 있는 모든 행동이 아닌 주어진 시간 내 가장 가까운 때에 보이는 행동이라고 하였다. 특히 비고츠키의 근접발달영역(Zone of Proximal Development: ZPD)은 완성된 발달적 주기의 결과로 유아가 독자적으로 문제를 해결하는 유아 정신기능의 실제적 발달 수준(actual developmental level)과 성인의 안내와 보다 능력 있는 또래들과의 협동으로 문제를 해결함으로써 결정되는 잠재적 발달 수준(level of potential development) 간의 거리를 말한다. 그리고 전경원(2000c)도 유아기는 사고의 힘이 되는 상상력이 매우 뛰어난 시기이며 오감을 통해 다양한 정보를 받아들이는 매우 민감한 시기라고 하며, 흔히 만 4세 정도가 되어야 유아의 사고력이 나타난다고 생각하기 쉽지만 36개월 이전인 영아기에도 사고 행동이 서서히 나타나기 시작한다고 하였다. 특히 영아의 사고 발달은 각 연령단계마다 그 자체의 특성이 있고 이러한 점차적인 사고의 발달은 만 4세 이후의 사고력 발달에 영향을 미치므로 매우 중요하다고 하였다.

2) 피아제와 영유아의 논리적 사고 발달

피아제(Piaget)는 유아가 행동으로 나타내는 문제해결능력이 논리적 사고와 관련되어 있으며, 논리적 사고가 발달할 때 지능도 발달한다고 하였다. 유아의 논리적 사고 발달과 관련하여 피아제는 감각운동기, 전조작기, 구체적 조작기, 형식적 조작기의 네 단계로 인지 발달단계를 구분하였다.

●표 4-2● **피아제의 인지 발달단계**

단계	연령	특징
감각운동기	0~2세	• 오감각 등의 조절감각과 운동 능력에 초점을 둔다. • 대상영속성 개념의 획득이 시작된다.
전조작기	2~7세	• 언어 발달과 상징적 사고 발달이 이루어지나, 사고가 직관적이어서 효율적인 논리를 사용할 수 없다. • 사고와 행위가 자기중심성(자기중심적 시각 조망, 자기중심적 언어)이다.
구체적 조작기	7~11세	• 지적 조작을 할 수 있어 구체적인 사물에 대한 논리적인 조작 수행이 가능하게 된다. • 보존개념이 발달하고, 탈중심화와 논리적 사고가 시작된다.
형식적 조작기	11세 이후	• 언어적, 가설적, 상징적, 논리적 추론이 가능하게 된다. • 추상적 사고능력이 발달한다.

3. 통합적 논리사고

세계는 다양하다. 다양한 세계를 제대로 인식하는 방법은 다양화된 세계를 하나하나 구분해서 접근하는 것이다. 먼저, 본인이 가장 좋아하는 분야부터 정하여 놓는다. '문학, 예술, 철학, 종교, 사회, 역사, 정치, 경제, 물리, 과학, 수학 등으로 분류하여 접근하는데, 어떻게 이러한 분야 속으로 접근해 들어가는가?' 하는 의문이 생기게 된다. 그것은 추론으로부터 시작할 수 있다.

추론의 사전적 의미는 "어떠한 판단을 근거로 삼아 다른 판단을 이끌어 냄"이다. 다시 말해, 추론이란 이미 알고 있는 어떤 전제에서 새로운 결론을 이끌어 내는 사고 작용이다. 또한 추론은 주어진 정보에서 또 다른 정보를 이끌어 내기 위하여 필요한 것으로서 인지 활동에 기본이 된다고 할 수 있다. 추론을 할 수 있는 능력은 문제해결을 위한 필요조건이며, 발견적 사고능력을 개발하고 논리적으로 사고하는 태도와 능력을 향상시키는 데 중요한 역할을 한다(김광기, 2011). 이것은 하나의 생각이 크기 시작하는 새싹이 될 것이다. 그리고 그것을 키워 나가야 한다. 즉, 논리적인 방법으로 차근차근 접근해 들어가는 것이다.

논리는 글쓰기를 하는 걸음걸이라고 할 수 있다. 논리를 모르고 글을 쓴다는 것은 도구를 사용하지 않고 식사를 하는 것과 같다. 또 식사 예절을 모르면서 배를 불리는 일과 같다. 그러나 논리의 중요성은 겉으로는 드러나지 않는다. 식사를 하는데 있어 식사도구의 활용성이 크게 강조되지 않는 것과 같다. 세련된 품위를 얻기 위해 식사 예절에 다시 관심을 갖게 되듯, 이런 문제를 바로잡기 위해서 논리가 나아가는 법을 다시 한번 확인해 보아야 한다.

논리는 크게 두 가지로 나누어 정리할 수 있다. 하나는 연역적 논리이고, 다른 하나는 귀납적 논리이다. 이에 더하여 논법을 이해하는 데 있어 간과해서는 안 될 몇 가지의 논리를 살펴보기로 한다. 궁극적으로 논술은 논리적인 방법을 사용하여 설명과 논증을 진행시키며 단계적으로 기술하는 것이기 때문이다.

1) 연역적 논리

연역(deduction)이란 이미 알고 있는 하나 또는 둘 이상의 명제를 전제로 하여 명확히 규정된 논리적 형식들에 근거해 새로운 명제를 결론으로 이끌어 내는 추론의 방법이다. 대전제와 소전제를 통해서 결론을 추론해 내는 3단 논법이라고도 한다. 예를 들면, 다음과 같이 논리가 형성되는 것이다.

〈연역적 추론의 예〉

모든 사람은 죽는다. (대전제)

소크라테스는 사람이다. (소전제)

따라서 소크라테스는 죽는다. (결론)

연역적 논리(3단 논법)의 예를 작성해 보자.

이러한 연역적 추론의 방법과 절차를 논리적으로 체계화한 것을 연역법이라 한다. 즉, 연역적 추론은 일반적인 원리를 전체로 하여 특수한 사실들을 추론으로 이끄는 방법이다. 연역은 귀납과 달리 전제와 결론의 구체적인 내용은 문제로 삼지 않으며 엄격한 논리적 규칙에 의존한다. 따라서 연역에서는 논리적 형식의 타당성을 갖추며, 결론은 전제들로부터 필연성을 가지고 도출된다.

유아는 언어로만 되어 있는 추상적인 추론 문제나 결론을 가지고 가설적인 전제들을 추론해야 하는 연역적 추론 문제를 해결하는 데 한계를 보인다. 즉, 연역적 추론은 피아제의 인지 발달 과정에서 역조작 사고를 할 수 있는 11~12세의 형식적 조작기에 가능하다. 하지만 유아들은 귀납적 추론은 가능하다(정은실, 1997).

또한 유아의 사고 발달은 여러 가지 새로운 경험과 외부 환경으로부터 오는 자극에 영향을 받아 광범위한 변화를 보인다. 유아는 구체물을 통해서 지각하고 추론하는 인지적 한계를 가지고 있다. 즉, 유아는 상징을 통한 추론이 어렵다. 결국 유아가 주변 세계를 관찰하고 탐색하고 조사하면서 논리적 사고 범주에 속하는 추론이 발달된다.

연역은 전제로부터 결론을 도출해 내는 것이므로 일정한 명제를 출발점으로 한다. 이러한 출발점은 결국 인간의 다양한 경험이나 실천 등의 경과를 일반화하는 과정을 통해서 형성된다.

2) 귀납적 논리

귀납(induction)적 방법은 개별적인 특수한 사실이나 현상에서 그러한 사례들이 포함되는 일반적인 결론을 이끌어 내는 추론의 방법이다. 다시 말해, 개별적 사례들을 전제로 하여 일반적 사실로서의 결론을 이끌어 내는 것이다. 예를 들어, '철수가 영희를 보며 웃고 있다.'(개별적 사례), '철수는 영희를 좋아하고 있다.'(일반화)라는 유추로 논리가 형성되는 것이다. 이때 일반화의 오류 또는 귀납적 오류를 조심해야 한다. 철수가 영희를 보며 웃고 있는 행위는 반드시 철수가 영희를 좋아해서만 그렇다고는 볼 수 없기 때문이다. 웃음이 좋다는 의미만을 가지고 있지 않으며, 남을 비웃거나 조롱할 때도 웃을 수 있다는 사실을 염두에 두어야 한다.

귀납은 개개의 구체적인 사실이나 현상에 대한 관찰로 얻은 인식을 일반적인 인식으로 이끌어 가는 절차이며, 인간의 다양한 경험, 실천, 실험 등의 결과를 일반화하는 사고방식이다. 이처럼 귀납은 주어진 사실이나 현상들에 근거해 새로운 정보와 지식을 얻을 수 있으므로 일상생활에서도 흔하게 나타나는 사고방식이라 할 수 있다. 귀납은 연역과는 달리 사실적 지식을 확장해 준다는 특징을 가지고 있지만, 전체가 결론의 필요성을 논리적으로 확립해 주지 못한다는 한계를 지닌다.

귀납적 추론의 방법과 절차를 논리적으로 체계화한 것이 귀납법이다. 귀납법에 대한 연구와 강조는 일찍이 아리스토텔레스(Aristoteles)에게서 출발하지만, 귀납법의 의미가 두드러지게 나타난 것은 17~18세기에 경험적 자연과학이 발전하면서부터이다. 귀납에서 추론의 타당성은 전제와 결론을 뒷받침하는 내용에 달려 있다. 귀납적 추론은 근본적으로 관찰과 실험에서 얻은 부분적이고 특수한 사례를 근거로 전체에 적용시키는 것이다. 그렇기 때문에 귀납에서 얻은 결론은 일정한 개연성을 지닐 뿐이며, 사실 정보에 따라 타당성의 정도도 달라진다.

이에 귀납적 추론 방법과 교사의 역할을 제시하면, 귀납적 추론은 여러 전제를 보고 결론을 끌어내기 위해 단지 개연적으로 뒷받침해 주는 경우의 추론을 말한다. 즉, 여러 개의 사례를 통합하여 개연적 추론을 하여 일반 사실을 이끌어 내는 추론 방법이다. 귀납적 추론의 특징은 예측성과 개연성의 두 가지가 있다. 예측성은 단순히 지식을 종합하는 데 그치는 것이 아니라 지식을 모아 일반화하고 일반화된 것을 바탕으로 미래를 잠정적으로 예측하는 것이다. 그리고 개연성은 결론에 가까운 사례들을 모아 추측하지만 이것은 확률적으로 있을 뿐이어서 귀납법은 언제나 수정될 수 있다.

귀납적 추론은 유아들에게 개념이나 원리를 찾아내기를 유도하는 구체적인 예를 먼저 제시하여 이런 다양한 예를 통해 어떤 사실을 추측하고 발견하는 능력을 키우는 데 도움을 주고자 하는 추론 방법이라 할 수 있다. 예를 들면, 다음과 같다.

〈귀납적 추론의 예 1〉

식물은 영양을 섭취해야 한다.

동물도 영양을 섭취해야 한다.

식물과 동물은 생물이다.

그러므로 모든 생물은 영양을 섭취해야 한다.

〈귀납적 추론의 예 2〉

소크라테스는 죽었다. 공자도 죽었다.

소크라테스와 공자는 사람이다.

그러므로 모든 사람은 죽는다.

귀납적 논리의 예를 작성해 보자.

귀납적 추론 단계인 관찰, 추측, 규칙, 검증에 대한 교사의 역할을 간단히 살펴보면 〈표 4-3〉과 같다.

●표 4-3● **귀납적 추론 일반화에 따른 교사의 역할**

귀납적 추론 단계	교사의 역할
관찰	• 제시된 예를 관찰함으로써 추측과 발견을 할 수 있도록 여러 가지 구체적 예를 충분히 제공한다. • 선입견이나 부주의로 관찰해야 할 사례들을 간과하지 않도록 지도한다. • 착각이나 편견으로 왜곡된 관찰을 하지 않도록 지도한다.
추측	• 올바른 추론의 과정으로 나아갈 수 있도록 다양한 방식으로 발문을 제공한다. • 학습자가 사전 지식의 부족으로 주어진 문제 상황에 당황할 때 적절한 안내를 제공해 유아들에게 의미를 제공해 준다.
규칙	• 규칙은 관찰된 몇 가지 사실의 추측을 통해 얻은 것이므로 확정적이지 않고 잠정적이다(검증 단계에서 규칙이 거짓임이 밝혀지면 언제든 수정 가능함).
검증	• 극단적 예를 제공하여 검증을 돕거나, 귀납적 과정 후에는 연역적인 검증도 필요함을 언급한다. • 검증 없이 단순한 열거만으로 일반화하지 않도록 지도한다.

3) 변증법적 논리

논리는 변증법(dialectic)적으로 발전하고 있다. 논리를 이해하는 데 있어서 변증법을 간과해서는 안 될 것이다. 특히 헤겔(Hegel)의 변증법은 논리가 진화하는 과정을 이해하는 데 많은 도움을 준다. 이에 따라 변증법을 정리해 보면 다음과 같다.

모순 또는 대립을 근본 원리로 하여 사물의 운동을 설명하려고 하는 논리인 변증법은 그리스어 'dialektike'에서 유래하였으며, 원래는 '대화술, 문답법'이라는 뜻이었다. 근세에 와서 변증법이라는 말에 다시 중요한 의의를 부여한 것은 칸트(Kant)이다. 칸트는 변증법을 우리의 이성이 빠지기 쉬운, 일견 옳은 듯하지만 실은 잘못된 추론, 즉 선험적 가상의 잘못을 폭로하고 비판하는 가상의 논리학이라는 뜻으로 썼다. 하지만 변증법은 어느 경우에서나 진리를 인식하는 데 직접 또는 간접으로 유효한 기술 및 방법이라는 의미를 가지고 있어, 오늘날 일반적으로 생각되는 것처럼 모순을 부정하는 특별한 논리로 생각되지는 않았다.

이에 비해 변증법이라는 것을 인식뿐만 아니라 존재에 관한 논리로 생각한 것은 헤겔이었다. 헤겔은 인식이나 사물이 정(正)·반(反)·합(合)의 3단계를 거쳐서 전개된다고 생각하였으며, 이 3단계적 전개를 변증법이라고 생각하였다. 정(正)의 단계란 실은 그 자신 속에 암암리에 모순을 포함하고 있음에도 그것을 알아채지 못하고 있는 단계이며, 반(反)의 단계란 그 모순이 자각되어 밖으로 드러나는 단계이다. 그리고 이와 같이 모순에 부딪힘으로써 제3의 합(合)의 단계로 전개해 나간다. 이 합의 단계는 정과 반이 종합·통일된 단계로, 여기서는 정과 반에서 볼 수 있었던 두 개의 규정이 함께 부정되면서 또한 함께 살아나서 통일된다.

따라서 이러한 논리는 변증법적으로 진화한다. 어떠한 논리도 그 자체 내에 모순을 담고 있으며, 그러한 모순은 진화를 위해서라면 언젠가는 표출되어야 한다. 그리고 상호 충돌하거나 합의되면서 한층 더 진화된 새로운 논리로 거듭난다고 볼 수 있다.

제5장 소크라테스와 논리교육 방법

1. 소크라테스

1) 소크라테스의 생애

인류의 역사에서 가장 위대한 스승으로 알려진 소크라테스(Socrates)는 기원전 470년경 그리스 아테네에서 태어났다. 아버지는 조각가라고 추측되는 소프로니코스(Sophroniscus)이고, 어머니는 산파였던 파이나레테(Phaenarete)이다. 소크라테스는 쉰 살이 되어서야 어린 크산티페(Xanthippe)를 아내로 맞았고 세 아들을 두었다. 소크라테스가 받은 유산은 많지 않았고, '지혜를 추구하는' 일로 평생을 지내다 보니 가족 생계는 그의 아내의 몫이었다. 어려운 생활을 유지하고 자식 셋을 키우느라 크산티페가 억척스럽게 살아왔기에 악녀라는 소문까지 있었으나, 이는 전적으로 소크라테스의 책임일 것이다.

소크라테스는 자신만이 무지를 깨닫고 있어 다른 사람보다 현명한 사람이라고 생각했다. 이 때문에 동료와 아테네 국민들의 무지를 깨닫고 선하게 발전시키는 것이 자신이 신에게 부여받은 사명이라 생각했다. 소크라테스는 아테네의 아고라(광장)에서 아테네의 정치가, 문학가, 장인들을 찾아다녔다. 이들 모두 스스로 현명하다고 자부하였지만, 놀랍게도 대화의 결과는 정반대였다.

소크라테스가 이처럼 토론을 즐긴 이유는 단순히 상대방의 무식이나 현명하지 못함을 폭로하고자 하는 것이 아니었다. 소크라테스는 인간에게 참된 삶이란 무엇인가를 밝히고 실천하는 철학을 중요시하였다. 소크라테스는 대화를 나누면서 지혜롭다고 생각하는 사람들도 지혜롭지 않다는 것을 확인하게 되었고, 사람들이 '이중의 무지'(고대 중국의 사상가 공자는 "아는 것을 안다고 하고, 모르는 것을 모른다고 하는 것이 곧 진실로 아는 것이다."라고 하여 이중의 무지를 깨달아야만 진정한 학문에 도달할 수 있다고 주장하였다)를 겪고 있음을 알게 되었다. 즉, 그들은 자신이 모르는 것을 안다고 생각하기 때문에 실제로는 자신이 무지하다는 사실조차 모르는 것이다.

소크라테스는 막내아들이 어렸을 때인 BC 399년에 생의 마지막을 보냈다. 그는 정치적 문제에 휩쓸려 독배를 마시고 죽음을 맞이했다. 젊은이들을 타락시키고 도시가 숭배하는 신들을 무시하고 새로운 종교를 끌어들였다는 이유로 불경죄로 기소되었다. 실상은 보수적인 민주정을 시행하고 있던 아테네에서 귀족적이고 반민주주의적인 알키비아데스(Alkibiades)와 30인 참주의 우두머리였던 크리티아스(Kritias)에게 영향을 미쳤다는 혐의였다. 배심원 투표에서 280대 220의 비율로 유죄판결을 내렸고, 소크라테스를 사형시킬 것을 요구했다. 다행히 항소가 받아들여져 소크라테스는 공개적으로 배심원들 앞에서 자신을 변론할 기회를 얻었지만, 오히려 자신이 국가 공헌자라고 당당하게 주장해 배심원들을 흥분시켜 501명 중 361명의 찬성으로 사형을 선고받게 되었다. 아테네는 유죄판결을 받은 자는 24시간 이내에 독배를 마셔야 하나, 델로스 섬으로 신성한 배를 보내는 기간에는 형을 집행하지 못해 한 달간 집행이 연장되었다. 그 사이에 충분히 탈옥할 수 있었으나, 그는 사실과 어긋나는 판결이더라도 법정에서 내린 판결은 지켜야 한다는 자신의 신념을 확신했기에 결국 독배를 마시고 생을 마감하였다.

2) 소크라테스의 대화법

(1) 소크라테스의 대화법의 의의

소크라테스는 인류의 역사에서 가장 위대한 스승 가운데 한 명이다. 소크라테스는 인생의 진리를 학습자와 함께 발견하려는 노력을 했다. 그는 "너 자신을 알라!"라는 경구를 자주 사용했고, 철학의 출발점으로 삼았다. 소크라테스는 이 경구에 따라 자신을 알려고 했고, 그러한 노력들이 그를 가장 위대한 스승으로 만들었다. 그리고 그는 타인과 사회의 도움 없이는 정의로운 삶이 불가능하다고 주장하고 교육의 필요성을 강조하였다(Versenyi & Laszlo, 1963). 소크라테스에게 있어서 대화란 진리 발견의 수단이요, 사람들과 더불어 살아가는 방법이요, 생활이었다. 그에게 있어서 대화는 인간이 인간으로 돌아갈 수 있는 삶의 근본적인 현장이자 삶 그 자체였던 것이다.

대화는 두 사람 이상의 참여가 필요하다. 소크라테스에게는 대화가 철학적 진리를 탐구하는 과정이자, 다양한 의견을 가진 사람들과 서로의 의사를 소통하면서 공동으로 참여하는 과정이다. 진리는 자기 혼자 타인에게 일방적으로 선포하는 것이 아니라 다른 대화자들에게 동의를 얻어야 하는 것이다. 소크라테스가 나누는 대화는 기존의 지식이나 정보를 교환하고 친교를 맺는 것이 아니라 진지(眞知)로 가는 방법이었다. 즉, 소크라테스는 대화를 하나의 철학적 방법으로 사용함으로써 그 성격을 바꾸어 놓았다. 이제 대화는 단순한 회화가 아니라 인간의 영혼을 흥분시키고 괴롭히는 힘을 갖게 되었으며, 진리를 쟁취하는 유일한 필수 조건이 되었다(Jaspers, 2000).

소크라테스의 대화법은 대략 두 단계로 구성된다. 첫 번째 단계는 논박(엘렌코스, elenchus)의 과정으로, 상대방의 독단을 뒤흔들어 그가 알고 있다고 주장하던 것이 사실은 명백하지 않음을 드러내는 것이다. 두 번째 단계는 산파술로, 명백하지 않은 주장으로 어려움과 혼란에 처한 상대를 진리 탐구의 길로 접어들게 하는 방법을 말한다. 소크라테스는 이러한 대화법을 통해 대화 상대가 진리라고 믿고 있던 일상적 견해를 참다운 철학적 차원으로 상승시키면서 그것을 바탕으로 삶의 질 또한 향상시켜 주고자 하였다. 즉, 소크라테스의 대화법은 상대방과 문답을 주고받으면서 상대방의 주장을 논박하는 방법으로 대화를 전개하고(논박형), 상대방이 먼저 무엇을 가르쳐 달라고 청하여도 상대방과 문답하면서 논의를 이끌어 가는 그 과정에서 상대방 스스로 깨치도록 하는 것(산파술)이다(김희중, 2009; 하재홍, 2010).

(2) 소크라테스 대화법의 질문 유형

소크라테스 대화법의 질문 유형은 다음과 같이 구분할 수 있다(하재홍, 2010). 특히 경청과 질문의 방법을 통해 중간에 말을 끊지 않고 끝까지 들으며 상대를 파악하고, 상대의 수준에 맞추어 질문하고 반응하도록 하였다.

① 탐색형 질문

대화의 논제를 찾아 가는 과정에서 상대방에게 짧게 묻는 유형의 질문이다. 탐색형 질문은 상대방에게 본격적으로 '앎'에 대해 따지기 전에, 상대방이 무엇에 관해 앎을 가지고 있는지 알아보기 위한 예비 단계로 준비하는 것이다. 소크라테스 대화법에서는 이러한 '앎'을 논의의 출발점으로 삼는다.

② 정의 요구형 질문

탐색형 질문으로 논의를 시작할 만한 주제를 찾게 되면, 소크라테스는 그다음 단계의 질문을 던졌다. 정의 요구형 질문은 '~란 무엇인가?' 하는 식으로 상대방에게 뭔가를 정의할 것을 요구하는 질문이다. 정의 요구형 질문에서의 핵심은 '~을 ~답게 만드는 것은 무엇인가?'이다. 여러 개별적인 것이 있다는 것은 충분한 답이 되지 못한다. 이것은 직관적인 앎의 영역에 있는 것이 아니라 여러 개별적인 것을 통해

드러나지만, 그것 자체는 아니고(그것들은 그림자에 불과하기 때문이다) 그 너머에 있는 것이기 때문이다.

③ 논박(엘렌코스)형 질문

대립적인 것 사이를 자유자재로 오가면서 상대방 주장의 모순을 드러내는 질문이다. 소크라테스는 질문을 통하여 상대방이 가지고 있는 입장을 검토하고 그 검토 과정에서 상대방의 입장에 들어 있는 모순을 지적하였다. 이와 같은 소크라테스의 질문은 '논박(엘렌코스)형 질문'이라고 한다. 엘렌코스는 '논박' '시험' 또는 '준엄한 추궁'으로 바꾸어 쓸 수 있다.

④ 유도형 질문

여러 개를 길게 묻지만 그에 대해서는 짧게 대답해야 하는 유형의 질문들로, 일련의 질문이 점점 참된 앎을 향해 다가가도록 조직된다. 탐색형 질문의 결과로 상대방이 무얼 알기는 아는데, 막상 그 앎이 무엇인지에 대한 소크라테스의 질문을 받자 스스로의 힘으로는 해명하지 못하겠다고 솔직하게 고백하는 사람이 등장하게 된다. 이때 소크라테스는 이런 사람을 그냥 외면하지 않고 아주 친한 친구처럼 대화를 이끌어 가면서 그가 참된 앎으로 가까이 다가갈 수 있도록 하는데, 이것이 유도형 질문이다. 대화편 중 산파형으로 분류되는 것이 대개 이런 유형의 대화가 전개되는 작품이다.

⑤ 흔들기형(딴죽 거는 장난형) 질문

상대방의 생각을 흔드는 질문이다. 소크라테스는 상대방이 제대로 된 앎을 가지고 있다고 보이더라도, 상대방의 그 앎을 시험하기 위해 질문하기도 하였다. 질문의 목적은 상대방의 내면에 그 앎이 올바른 확신으로 자리 잡고 있는지, 자신의 행동을 이끌 만큼 힘 있고 강력한 것인지 확인하는 것이다.

소크라테스는 이와 같은 여러 유형의 질문을 대화 속에 포함시켰는데, 탐색형, 정의 요구형 질문을 대화 초반에, 논박형 질문과 유도형 질문은 대화 중간에, 흔들기형 질문은 대화의 초반이나 종반에 각각 배치하였다. 소크라테스는 상대방의 생각과 표현 등을 관찰하여 귀찮을 정도로 질문을 하면서 사람들 스스로가 자기주장을 펼치기 전에 그 질문을 통하여 스스로 답을 찾도록 유도한다. 즉, 소크라테스 대화법은 단순한 말의 기술이 아니라 상대 스스로 문제를 해결하도록 돕는 것이다.

3) 소크라테스의 대화법의 사례

소크라테스의 몇 가지 일화를 들어 보고자 한다.

언젠가 어떤 사람이 식사가 맛이 없다고 불평했다. 그러자 소크라테스는 그에게 식사를 맛있게 하는 방법이 있다고 했다. 그 사람이 궁금해하면서 소크라테스에게 방법을 물었다. 이에 소크라테스는 "어느 기간 동안 식사를 하지 않는 것이지. 그러면 다음에는 더욱 즐겁게, 더욱 값싸게, 더욱 건강하게 먹을 수 있거든."이라고 대답했다.

한번은 소크라테스가 길을 가다가 하인을 몹시 야단치고 있는 사람을 보았다. 소크라테스는 그 사람에게 왜 그렇게 화를 내는지 물어보았다. 그는 자기 노예가 먹기만 잘하고 아무것도 조심하지 않으며, 돈을 무척 탐내면서 아무 일도 하지 않으려 하기에 야단치고 있다고 대답했다. 그러자 소크라테스가 그 사람에게 또 물었다. "그대와 하인 두 사람 가운데 누가 더 맞아야 하는지 지금까지 한 번이라도 생각해 보았는가? 그대인가, 아니면 그대의 하인인가?"

올림피아로 여행을 떠나기를 두려워하는 어떤 사람에게 소크라테스가 물었다. "그대는 무엇 때문에 여행을 두려워하는가? 그대는 집에서도 온종일 이리저리 왔다 갔다 하지 않는가? 그대는 그곳으로 가는 여행에서 걷고 아침을 먹고 또 걷고 저녁을 먹고 그리고 휴식을 취하는 것 말고 다른 무엇을 할 작정인가? 그대가 여기서 5일 동안 걷는 것을 모두 합하면 아테네에서 올림피아까지 가기에 충분한 거리라는 것을 알지 못하는가?"

우리는 여러 가지 사물에 대해 '노랗다'고 표현한다. 하지만 단 한 번도 노랑 그 자체의 명백한 표본을 본 적이 없는데 어떻게 그 단어의 의미를 알게 되었을까? 세상에 있는 노란 사물은 기다란 모양이면서 노란색이거나, 달콤하면서 노란색이거나, 부드러우면서 노란색이다. 그렇다면 우리는 어떻게 그 단어를 제대로 사용하는 법을 배우게 된 걸까? 노란색을 띤 사물에 관해 우리가 알고 있는 사실 중 하나로 '바나나는 노랗다'는 지식을 예로 들어 생각해 보면, 바나나가 노란색을 띠는 게 오래가지 않으리라는 사실은 분명하다. 바나나는 쉽게 상해 버리게 마련이고, 결국에는 검은색을 띠다가 분해되어 더는 노란 바나나라고 할 수 없는 물체로 변하게 된다. 그렇다면 우리에게는 노란색으로부터 변해 가는 바나나를 보면서 어디까지가 노란색인지 판단할 수 있는 어떤 변하지 않는 기준, 즉 노란색에 대한 고정불변한 기준이 있어야 한다. 우리는 이 기준을 바탕으로 하여, 그로부터 벗어날 경우에 노란색이 아니라고 판단을 내릴 수 있는 것이다.

소크라테스가 들려주는 '동굴의 비유'를 이해하기 위해서는, 먼저 그가 참된 세계와 그렇지 못한 세계를 구분하고 있다는 점을 알아야 한다. 사람들은 대부분 자신이 살고 있는 이곳이 참된 세계라고 생각한다. 그러나 조금 더 생각해 본다면 우리가 경험하고 지각하는 이 세계가 정말 참다운 것으로만 느껴질까? 소크라테스는 동굴 안 세계에서 참된 세계인 동굴 밖 세계로 나가는 길이 순탄치 않을 것이라고 말한다. 우리는 두려움 때문에 새로운 세상 밖으로 나가기를 주저한다. 마치 낯선 곳으로 여행을 떠날 때처럼 말이다. 그래서 우리에게는 안내자가 필요한 것이고, 다양한 여행 안내서를 찾아 숙지해야 하는 것이다. 소크라테스도 동굴 밖으로 향하는 여행을 설명할 때, 우리에게 결단력과 함께 필요한 '누군가'를 설정한다. 그는 우리를 험하고 가파른 오르막길로 억지로 끌고 올라간다. 그 누군가는 소크라테스 같은 스승일 수도 있고, 아니면 여행 안내서 같은 책이 될 수도 있다. 어둠의 공간에서 나와 밝은 햇빛이 비치는 세상을 처음 볼 때는, 눈부심 때문에 고통스러운 데다 온통 희미하게 보일 뿐이다.

2. 토의와 토론

유아에게 있어 토의 · 토론은 일상생활을 하거나 놀이활동이 일어나는 동안, 유아가 관심 있는 대상이 있거나 어떠한 일이 발생하여 문제를 해결해야 하는 상황일 때 그리고 무엇인가를 결정해야 할 때 이루어진다. 특히 유아교육기관에서 대집단 활동을 시행할 때 '이야기 나누기 활동'을 통해 실시하기는 하지만, 사실 유아들과의 이야기 나누기가 만남에서부터 헤어짐에 이르기까지 지속적으로 일어나고 있음은 누구나 부인할 수 없는 사실이다.

이처럼 이야기 나누기가 유아에게 진정한 토의와 토론의 장이 될 수 있도록 하기 위해 교사는 일방적인 '이야기하기'가 아닌, 유아들과의 '이야기 나누기'에 대해 더 올바르게 이해할 필요가 있다.

- 이야기하기: 교사는 말하고 유아는 주로 들음. 교사와 유아는 불평등 관계에 있으며, '교사는 가르치는 자'로, '유아는 배우는 자'로만 자리매김됨
- 이야기 나누기: 말하는 사람과 듣는 사람의 역할이 고정되어 있지 않음. 교사와 유아는 서로 말하고 듣는 역할을 바꾸어 가며 역동적으로 상호작용함. 그들의 관계는 평등 관계이며, 서로 가르치고 배우게 됨. 그들에게는 각각 말하는 기술과 듣는 기술이 공평하게 요구되며, 토론과 논쟁과 질문을 격려하는 매우 개방적인 대화 분위기가 조성됨

하지만 대부분의 유아교사는 유아가 말하고 자신이 듣는 것보다 자신이 말하고 유아가 듣는 것을 더욱 편안하게 느끼고 있다. 이러한 분위기의 저변에는 교사는 유아에 비해 더 많은 지식과 경험을 가지고 있으며, 지식과 경험을 제대로 전달하기 위해서는 보다 효과적으로 언어를 구사할 수 있는 교사가 더 많이 말하는 것이 합리적이라는 생각과 함께 교사는 유아에게 지식을 잘 가르쳐야 할 책임이 있다는 신념이 있는 것이다. 이를 보완하기 위해 2019 개정 누리과정을 통하여 유아 중심, 놀이 중심 교육과정이 실현될 수 있도록 하고, 유아의 자발적 요구로부터 시작되어 발화를 중심으로 토의와 토론이 이루어져야 한다. 토의와 토론의 의미는 서로 비슷한 의미로 혼용되어 사용하기 때문에 서로 구분하여 알아보고자 한다.

1) 토의

4차 산업혁명시대 도래로 인해 글로벌 사회는 소통을 통해 화합과 문제를 해결하려는 사람이 효율적인 의사결정을 하며 현명한 삶을 영위한다. 이를 위해 다른 사람과 융합하고 협업하면서 공존 · 상생할 수 있는 공동체적 삶의 태도를 더욱 요구하고 있다. 이에 유아교육 현장에서는 더욱 필수적이고 중요한 교수학습 방법으로 토의를 부각시키고 있다.

우리나라 유치원 교육과정인 2019 개정 누리과정에서도 유아에게 자신의 생각과 다른 사람의 생각이 다를 수 있음을 경험하도록 하고 교사나 또래와 함께 문제를 해결하기 위한 토의활동을 제공하여 객관성, 협동성, 개방성 등과 같은 태도를 길러주어야 한다고 강조하였다(교육부, 보건복지부, 2019).

토의(discussion)의 사전적 의미는 "어떤 문제에 대하여 검토하고 협의함"이다. 어떤 주제에 대해서 여러 사람이 정보와 의견을 교환하여 그 주제에 대해 학습하거나 문제를 해결하기 위해 말하고 듣는 활동이다(정문성, 2017). 즉, 집단 구성원들이 문제를 해결하기 위하여 평등한 입장에서 존중하는 태도로 타인의 의견을 경청하고 의견을 나누면서 문제를 해결하는 과정이다. 실제로 토의와 토론은 의견의 일치를 구하려는 부분에서는 같지만, 토의는 서로 협동하여 이야기를 하며 타협과 홍정을 하는 것이다. 유아의 토의 능력은 저절로 습득되는 것이 아니며, 다양한 토의활동에 유아가 꾸준히 참여하고 연습하면서 습득하게 된다.

유아교육기관에서 유아의 토의활동은 주로 유아가 다른 사람들의 생각을 듣는 기회를 제공하고, 이 과정을 통해 유아는 타인의 생각을 수용하는 동시에 문제해결의 과정을 경험한다(안정미, 2012). 이에 유아교사는 토의 시간에 미시적 탐구를 통해 유아에게 무엇을 얼마만큼 기대해도 되는지에 대해 판단하고 유아에게 지원을 해야 한다. 특히 유아의 토의는 대화와 협동을 통한 합리적 의사결정을 경험하는 교수학습 방법이라 할 수 있다(구정화, 2009). 이러한 토의가 효과적으로 이루어지기 위해서는 다양한 상황에 대해 서로 다른 관점이 있다는 것을 인식시켜야 한다.

더불어 유아교사는 항상 자신의 시선을 유아에게 집중하고, 유아의 얼굴에 나타나는 의구심, 동감 등의 비언어적 표현과 유아가 혼자서 중얼거리는 말 또는 유아 간에 속삭거리는 말을 놓치지 않도록 경청하며 반응해 주고 유아의 마음과 생각을 따라가며 들어야 한다. 따라서 유아는 토의를 하면서 또래교수 및 교사 중재의 과정을 통해 생각하면서 말하고, 말하면서 생각하며, 자신이 가지고 있었던 지식과 개념 및 경험을 확장해 나갈 수 있을 것이다. 유아의 토의활동은 유아의 비판적 사고와 논리적 사고를 발달시킨다고 할 수 있다.

2) 토론

유아가 자신의 의견을 주장하거나 타인의 의견을 듣고 판단할 때 논리적 사고가 필요하다. 유아가 자신의 주장을 제시하고 그 주장에 대한 근거나 이유를 말하는 활동이 토론활동이 된다. 즉, 토론활동은 유아가 흥미나 관심을 가지고 능동적이고 자발적으로 참여하여 학습할 수 있도록 동기를 부여하는 탐구활동이라고 할 수 있다.

토론(debate)은 어떠한 문제나 쟁점에 대해 긍정과 부정으로 나뉘어 서로의 관점과 견해를 공유하며 어떤 주제에 대해 서로 다른 주장을 하는 사람들이 논증과 실증을 통해 규칙에 따라 자기주장을 정당화하여 상호작용을 통해 상호 간에 주장과 반박을 하는 쌍방향 소통이다(문병환, 이상미, 2018). 유아는 토론을 통해 또래와의 상호작용 속에서 서로의 생각을 나누며, 생각하는 능력을 키운다. 특히 토론 과정에서 다름을 인정하고 새로운 생각을 창조하는 창조성과 다른 사람의 이야기와 조화를 이룰 수 있는 공동체성을 함께 함양할 수 있다(강치원, 2013). 또한 놀이 중심의 통합교육에서 토론이라는 화두로 변화를 시도했을 때 의사소통능력과 수학적 사고력을 키울 수 있다고 하였다(Erdman, 2016; Walshaw & Anthony, 2008). 이에 유아교육기관에서 토론활동은 더욱 필수적이고 중요한 교수학습 방법으로 부각되고 있다(박찬옥, 홍찬의, 2014).

토론을 통하여 유아는 자신의 생각을 말하고 다른 사람의 의견에 귀 기울이면서 함께 문제를 깊이 들여다볼 수 있다. 대부분 유아교사는 '이야기 나누기' 시간에 토론을 하고 있다. 실제로 이야기 나누기의 목적은 유아가 이야기를 나누고, 귀 기울여 듣고, 생각하는 것을 즐기고, 이를 통해 무언가에 대해 골똘히 생각해 보도록 하는 것이다. 더불어 서로 다른 생각들이 모여서 합의점을 찾아 나가는 과정과 다양한 문제해결 과정을 경험하고, 맥락에 맞게 질문하고, 적극적으로 의사소통하는 태도를 형성하도록 하는 것이다.

이에, 이야기 나누기 시간에 어떤 개념을 일방적으로 가르치기보다는 가급적 짧게 말하거나 질문하고, 유아가 생각할 시간을 가진 다음 충분히 말하도록 하는 교사의 역할이 중요하다. 교사가 유아에게 사고를 위한 시간을 제공하지 않고 성급하거나 똑똑한 소수의 유아의 반응에 따라 이야기 나누기를 진행한다면, 그 학급에 속한 대다수 유아에게는 진정한 의미의 사고 과정이 일어나기 어려울 뿐만 아니라 다른 유아가 정답이라 여겨지는 이야기를 하는 순간 더 이상 생각하기를 멈출 수 있기 때문이다. 다른 유아들도 자신이 들은 내용에 대해 토론하거나 논쟁하고 첨삭하거나 질문할 수 있도록 해야 한다.

따라서 토의와 토론의 개념은 서로 다르지만, 현실적으로 토의와 토론이 분리되어 진행되는 경우는 드물다. 토의를 하다 보면 토론을 하기도 하고, 토론을 하다 보면 토의가 되기도 한다. 특히 유아들을 대상으로 토의와 토론을 진행할 때에는 더욱 그러하다. 오히려 이 두 방법을 함께 사용하는 것이 더욱 현실적이고 실용적이다(정문성, 2017).

제6장 창의적 사고

1. 창의적 사고의 개념

21세기는 지식과 정보의 변화에 대처할 뿐 아니라 그 변화를 주도해 나갈 수 있는 창의적인 인재가 필요하다. 특히 시대의 변화를 받아들이며 기존 것에 새로운 것을 더한 새로운 혁신을 이끄는 리더가 필요하다. 또한 수직적인 조직 형태보다는 수평관계에서 모두에게 유리한(win-win) 것을 추구하는 이념으로 공동체를 이끌며 새로운 혁신과 변화를 두려워하지 않고 개방적으로 새로운 문제를 잘 해결하는 긍정적인 영향을 끼치는 창의적인 리더를 필요로 한다(Puccio, Murdock, & Mance, 2011; Sternberg, 2002).

우리나라의 창의성 연구는 1960년대부터 시작되었으나 체계적이고 조직화된 창의성 교육의 실천 방향이 정립되지 못했고, 당시 창의성 교육은 소수의 영재에게만 실시되는 것으로 인식되어 왔다. 하지만 현대 사회는 모든 사람이 그들의 영역에서 창의성을 발휘하도록 요구하고 있기 때문에, 이제 창의성 교육은 더 이상 소수 영재에게만 국한되지 않는, 모든 사람을 위한 교육으로서의 자리매김이 필요하게 되었다(Amabile, 2000). 유아기의 창의성 교육은 현대에 발달적 경험, 사회적 경험, 교육적 경험 등으로 계발될 수 있다는 것이 일반적 견해이다. 또한 창의성은 예술, 과학, 발명과 같은 특별한 영역뿐만 아니라 일상생활 속에서도 적용된다(김정섭, 신수진, 윤소정, 2006).

가드너(Gardner, 1982)는 5~7세에 이르는 전조작기 유아들이 그 이전의 유아나 그 이후의 아동들에 비해 풍부한 상상력과 창의력 및 예술적 민감성을 지니고 있다고 했다. 또한 에릭슨(Erikson)은 만 3~6세 시기가 '나는 할 수 있다'라는 태도로 주도성이 발달하는 시기이며, '창조와 시도(making and making like)'라는 특징을 가진다고 보았다.

길포드(Guilford)가 1950년대 미국심리학회 회장 취임 연설에서 창의성의 중요성을 역설한 이후 창의성 교육은 심리학과 교육학에서 많은 연구가 진행되었고, 영재교육학에서도 빼놓을 수 없는 중요한 역할을 하게 되었다. 또한 산업계에서도 반세기 동안 창의성에 대한 관심이 증대되었고, 이론을 실제에 적용하는 데 비약할 만한 발전을 해 왔다(전경원, 2000b). 창의성에 대한 정의는 일반적인 인간 중심적 설명부터 엄격한 조작적 정의까지 실로 다양하고, 사회과학 분야나 문학 및 철학 등에 걸쳐서 제시되는 정의가 너무 다양하기 때문에 지금까지 창의성 모델이나 정의 간에 합의가 이루어지지 않는 실정이다.

길포드(1970)는 창의성을 "새로운 사고를 생산해 내는 것"으로 보았고, 토랜스(Torrance, 1962)는 "가설을 검증하고 이를 수정 또는 재검증하여 최종적인 결과를 전달하는 과정"이라고 정의하였으며, 테일러(Taylor, 1988)는 "심리적 과정으로서 인내심이나 성취와 같은 태도와 일에 대한 열정"이라고 정의하였다.

교육과학기술연구원(2011)은 창의성이란 "가치가 있는 독창적인 아이디어를 발현해 나가는 과정"이라고 정의하였으며, 전경원(2000b)은 "자신과 타인의 행복을 위하여 사회와 문화에서 가치를 부여할 수 있는 물건이나 아이디어를 만들어 내는 것뿐만 아니라, 문제를 해결하기 위해 새로운 의견을 생각해 내는 능력 또는 그것을 기초화하는 인격적 특성으로 창의력과 창조성을 포함"한다고 정의하였다. 또한 '창의'를 창의력과 창의성의 두 가지로 나누어 설명하였는데, 창의력(creative ability)은 창의적인 능력으로서 하위 요인들을 의미하며, 일체의 창의적 과정과 산출물에 관한 것을 의미한다. 즉, 창의력은 누군가가 어떤 일을 할 때 독창적이되 그 목적이나 의도에 적절하게 행동하는 것을 말한다. 창의성(creativity)은 창의적인 성격과 환경에 관한 것을 의미한다. 호기심이 있는 사람이나 모험심이 있는 사람을 창의성이 있는 사람이라 말한다.

이와 같은 여러 학자의 창의성 정의를 종합해 보면, 창의성은 '나와 타인의 행복을 위하는 긍정적인 의미의 창의적인 능력과 성격'이라고 정의할 수 있다. 즉, 창의성이란 새로운 생각으로서 개인적인 자아실현 및 성취에서 시작하는 협의의 창의성과 사회 및 문화에 이바지하는 광의의 창의성을 포함한다고 할 수 있다(유구종, 김경숙, 2003).

이에 따라 창의성은 '인간의 삶의 질적 수준을 향상시키는 데 도움이 되고 가치 있는 문화 특성이나 문명이기를 창출해 내고자, 자연 현상이나 삶의 세계에 대하여 새로운 시각에서 통찰하거나 융통성 있는 발상의 전환과 사고의 전환을 통하여 가치 있는 지적 · 과학적 · 문화적 아이디어와 산출물을 생산해 낼 수 있는 능력'이라고 할 수 있다(한국교육개발원, 2006). 이를 간단히 정리하면, 창의성 또는 창의력이란 '새롭고 뜻있는 것을 만들어 내는 힘'(정범모, 2005)이라고 정의할 수 있다.

창의성의 개념에 대한 대표적인 학자들의 정의를 살펴보면 〈표 6-1〉과 같다.

● 표 6-1 ● **창의성의 개념**

저자	창의성의 개념
토랜스(1958)	창의성이란 새롭고 독특한 아이디어, 다른 관점, 문제를 새로운 시각으로 보는 것
길포드(1970)	창의성이란 새롭고 신기한 것을 낳는 힘, 즉 새로운 사고를 생산해 내는 것. 정도의 차이는 있을지라도 모든 사람이 공유하는 것
테일러(1988)	창의성이란 생산적 사고와 창조적 사고를 표현하는 복잡한 심리적 과정으로, 인내성과 성취, 변화, 개선을 구하는 태도 그리고 아주 큰 소신을 낳게 하는 정열 같은 것

전경원(2000b)	창의성은 자신과 타인의 행복을 위하여 사회와 문화에서 가치를 부여할 수 있는 물건이나 아이디어를 만들어 내는 것뿐만 아니라, 문제를 해결하기 위해 새로운 의견을 생각해 내는 능력 또는 그것을 기초화하는 인격적 특성으로 창의력과 창조성을 포함
정범모(2005)	창의성이란 새롭고 뜻있는 것을 만들어 내는 힘
한국교육개발원(2006)	창의성이란 인간의 삶의 질적 수준을 향상시키는 데 도움이 되고 가치 있는 문화 특성이나 문명을 창출해 내고자, 자연 현상이나 삶의 세계에 대하여 새로운 시각에서 통찰하거나 융통성 있는 발상의 전환과 사고의 전환을 통하여 가치 있는 지적 · 과학적 · 문화적 아이디어와 산출물을 생산해 낼 수 있는 능력
김경숙(2008)	창의성은 나와 타인의 행복을 위하는 긍정적인 의미의 창의적인 능력과 성격
교육과학기술연구원(2011)	창의성이란 가치가 있는 독창적인 아이디어를 발현해 나가는 과정

✓ 세 사람과 창의성 인터뷰를 하세요.

이름: **연령:** **성별:**

창의성이란?

....

....

....

....

이름: **연령:** **성별:**

창의성이란?

....

....

....

....

이름: 연령: 성별:

창의성이란?

✓ 나만의 창의성의 정의를 말해 봅시다.

창의성이란?

✓ 자신이 생각하는 창의적인 사람은 누구인가요?

✓ 그 이유는 무엇인지 쓰세요.

✓ 자신이 생각하는 창의적인 물건은 무엇인가요?

✓ 그 이유는 무엇인지 쓰세요.

2. 창의적 사고의 발달단계와 구성 요소

1) 창의적 사고의 발달단계

유아는 만 4~5세가 되면 창의적 사고가 발달하여 창의적인 행동들이 뚜렷하게 나타나기 시작한다. 이 시기는 통합적으로 가장 활발하게 인지 및 사회성이 발달하는 때이므로 유아의 사고를 유연하게 할 수 있도록 유아들의 창의성 훈련이 더욱 강조되어야 한다.

이 시기는 초등학교에 들어가기 직전이자 유아의 창의성 발달이 최고조에 달하는 시기로, 창의성이 최대한 계발되도록 최적의 인적 · 물적 환경을 조성해 주어야 한다(전경원, 김경숙, 2014).

표 6-2 창의적 사고의 발달단계

연령	특징
만 3세	• 가상놀이가 발달하는 시기로 상상력이 더욱 발달한다. • 감각활동이 발달하는 시기로 민감성이 발달한다. • 호기심과 질문이 더욱 많아지고 추리력도 발달한다.
만 4세	• 인지, 언어, 신체, 사회성, 정서 발달이 활발하게 이루어지는 시기이므로 그전보다 확장된 놀이를 즐기게 된다. • 인간관계를 미루어 짐작하는 것이 가능하고, 상상과 현실을 인식하게 된다. • 탐색력 및 기억력이 더욱 발달하고, 상상놀이, 극놀이 활동이 양적 · 질적 면에서 크게 확대되고 복잡해진다.
만 5세	• 인지 및 언어가 조화롭게 발달하여 타인과의 원활한 의사소통이 가능하다. • 문제를 해결하는 과정에서 원인과 결과를 잘 관련지어 생각한다. • 협동놀이와 극놀이가 가능하며, 상상력이 급격하게 발전하여 감정 형태도 정확하게 표현한다.

2) 창의적 사고의 구성 요소

길포드(1950)는 지적 구조 모형(structure of intellect model) 이론에서 제시한 여러 하위 능력 중 발산적 사고(divergent thinking)가 창의성의 가장 분명한 지침이 된다고 주장하고, 요인분석을 통해 발산적 사고의 하위 영역으로 문제에 대한 민감성(sensitivity to problem), 사고의 유창성(fluency of thinking), 사고의 융통성(flexibility of thinking), 독창성(originality), 정교성(elaboration), 재정의(redefinition)의 여섯 가지 요인을 제시하였다.

20세기 중반 이후부터 지금까지 길포드와 토랜스 등이 창의성을 구성하는 요인에 내해서 다양한 의견을 내놓고 있다. 길포드(1970)는 창의성을 새로운 사고를 생산해 내는 것이라고 보았으며, 정도의 차이는 있을지라도 모든 사람이 공유하는 것이라고 했다. 그는 수렴적 사고와 확산적 사고의 두 양식으로 구분하고, 창의적 산물은 특정한 문제에 대한 확산적 사고와 동일한 것으로 간주하고 유창성, 융통성, 독창성, 정교성, 민감성, 재정의 및 재구성력으로 보았다. 토랜스(1972)는 창의적 사고란 결함, 부족한 요인, 방해 요인 등을 인지하고 이에 관련된 가설과 아이디어를 만들어, 그 가설을 검증하고 이를 수정 또는 재검증하여 최종적인 결과를 전달하는 과정이라고 정의했다. 창의성의 구성 요인으로는 유창성, 융통성, 독창성, 상상력, 정교성 등을 들고 있다. 따라서 한국교육개발원의 사고력 신장을 위한 프로그램 개발 연구에서도 창의적인 사고의 요인 중 지적인 특성으로 유창성, 융통성, 정교성, 독창성을 포함하였고, 성향적인 특성으로는 민감성, 자발성, 독자성, 근면성, 호기심, 변화에 대한 개방성을 포함하였다. 또한 전경원(2000a)은 길포드와 토랜스의 정의를 토대로 하여 창의성의 구성 요인으로 민감성, 상상력, 유창성, 융통성, 독창성, 정교성을 들었는데, 특히 상상력을 창의성의 한 구성 요인으로 보고 있다.

종합하면, 국내외적으로 길포드와 토랜스의 영향을 받아 주로 유창성, 융통성, 정교성, 독창성이 공통적인 창의성의 구성 요인으로 알려져 왔다. 대부분의 학자가 창의성이 단일한 개념이라기보다는 여러 능력 및 성향으로 구성되어 있다고 분석하고 있다. 그러나 창의성의 구성 요인은 학자에 따라 의견을 달리하고 있다.

만인에게 잠재한다고 믿어지는 이러한 독창성, 융통성, 유창성, 정교성, 상상력 등의 '창의적 사고능력'과 민감성, 개방성, 자발성(자율성), 호기심 등의 '창의적 태도'를 함양함으로써 개인 및 사회 생활을 보다 '새롭고 의미 있게' 영위하는 길이 열리고, 바로 그것을 돕는 데 창의성 교육의 진정한 의도가 있는 것이다.

선행연구를 토대로 추출한 창의적 성격(personality)과 능력(ability)의 하위 요소별 의미를 구체적으로 살펴보면 〈표 6-3〉과 같다.

표 6-3 창의성의 하위 요소 내용

구분	하위 요소	개념 정의
창의적 성격 (creative personality)	개방성	인간의 태도, 생각, 경험 따위가 기존의 사고의 틀에 얽매이지 않고 거리낌 없이 시·공간을 자유롭게 드나들면서 교류하게 하여 새로운 가능성을 탐색하게 하는 열려 있는 상태나 성향
	민감성	지각력과 관계가 있어 주변 환경에서 오감을 통해 들어오는 다양한 정보에 대해 민감한 관심을 보이고 이를 통하여 새로운 영역을 탐색, 확장해 나가는 상태나 성향
	호기심	새롭고 신기한 것을 좋아하거나, 모르는 것을 알고 싶어 하는 마음 상태나 성향
	자율성	타인의 말에 쉽게 흔들리지 않고 스스로 선택하고 행동하는 상태나 성향
창의적 능력 (creative ability)	유창성	특정한 상황에서 가능한 한 많은 양의 아이디어나 해결책을 산출해 내느냐 하는 아이디어의 풍부함과 관련된 양적인 능력
	융통성	고정적인 사고방식이나 시각 자체를 변환시켜 다양하고 광범위한 아이디어나 해결책을 산출해 내는 능력
	독창성	창의적 사고의 궁극적인 목표이며, 기존의 사고에서 탈피하여 희귀하고 참신하며 독특한 아이디어나 해결책을 산출하는 능력
	정교성	처음 제안된 아이디어를 다듬고 발전시켜 표현하는 능력. 주어진 문제를 세부적으로 검토하거나 문제에 포함된 의미를 명확하게 파악하고, 문제에 결여된 부분을 찾아 보완하고 정교하게 다듬는 사고 능력
	상상력	창의적 사고의 원동력이 되는 것으로서, 과거의 경험을 기초로 해서 앞으로의 행동을 계획하도록 하는 새로운 표상을 만드는 능력

✓ 동그라미를 이용해서 3분 동안 그림을 그려 보세요.

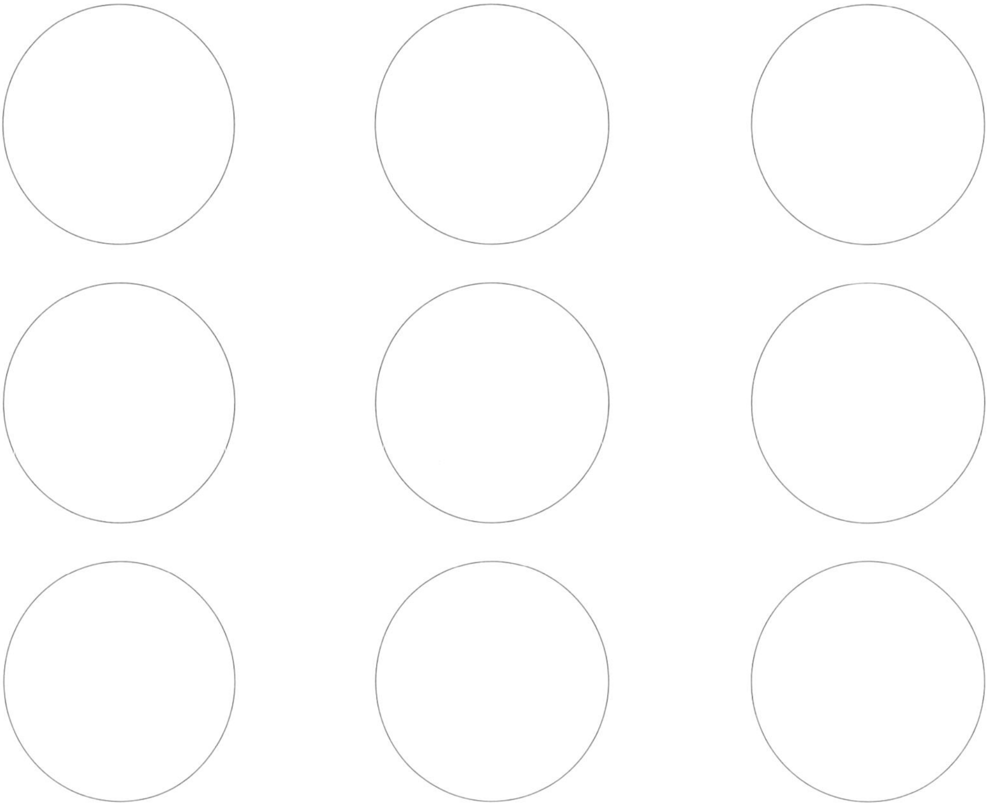

유창성 점수:

융통성 점수:

독창성 점수:

창의성 총점:

• 점수 산출방법

–유창성 : 주어진 도형을 이용하여 완전한 그림으로 완성한 경우 2점을 줍니다.

–융통성 : 완성한 그림에서 범주에 따라서 3점을 줍니다. 사과, 바나나, 립스틱을 그린 경우, 범주가 과일과 화장품으로 2가지이므로 6점이 됩니다.

–독창성 : 그룹에서 일반적이지 않은 것을 그린 10%의 그림에 5점씩 부여합니다. 동그라미를 독립적이지 않게 2개 이상 합쳐서 그림을 그린 경우 보너스 점수 5점을 더 줍니다. 전체를 합쳐서 하나로 그림을 그린 경우는 10점을 보너스 점수로 줍니다.

이렇게 유창성, 융통성, 독창성, 보너스 점수를 합친 것이 나의 창의성 점수가 되는 것입니다.

3. 창의적 사고의 표현 유형

기존의 창의성 교육은 대부분이 언어로 한정되어 있다. 그러나 유아들의 발달 수준을 고려한다면 유아들의 표현 경로가 언어, 도형, 소리, 동작, 조작 창의성으로 다양해야 할 것이다. 다음에서는 유아들의 다양한 표현 경로를 알아보고자 한다(전경원, 김경숙, 2014).

1) 창의성의 표현 경로

인간은 학습과 일 및 놀이에서 자신의 느낌이나 생각을 말하기, 그림 그리기, 노래하기, 춤추기, 만들기와 같은 언어, 도형, 소리, 동작 등의 경로로 표현한다.

아동들은 개인적인 특성에 따라 창의성을 표현하는 경로가 다르기 때문에 창의적인 능력이 뛰어난 경로에 따라 지도를 해 주어야 한다. 아동들은 자신이 가장 자신 있게 창의적으로 표현할 수 있는 경로가 있을 것이다. 이를 통하여 아동들의 창의적인 표현 경로를 살펴보며 재능을 발견해 보자.

(1) 언어창의성

① 언어창의성의 개념

'언어'란 생각이나 느낌 등을 나타내거나 전달하는 데 쓰는 음성, 문자 따위의 수단 또는 그 음성이나 문자 따위의 사회관습적 전 체계를 의미한다. '언어창의성(linguistic creativity)'이란 무엇을 의미하는가? 말하기와 쓰기에서 창의성을 발휘하는 것으로, 창의적으로 느끼거나 생각한 것을 말이나 글로 표현하는 것을 의미한다.

언어창의성은 예술인이나 문화인에게 요구된다. 시인, 소설가, 수필가, 평론가,

희곡 작가 등과 같이 언어창의성이 필요한 직업도 있고, 교직이나 방송, 언론계에 종사하는 교사, 사회자, 앵커, 기자 등은 물론 상담가, 광고제작자, 정치인, 사업가, 번역가와 같이 언어에 관련된 직업은 다양하다.

② 언어창의성이 있는 아동에게 나타나는 특성

- 말하는 것을 좋아한다.
- 또래에 비해 어휘력이 뛰어나다.
- 다른 사람들이 사용하지 않는 표현들을 즐겨 사용한다.
- 독특한 동사를 잘 쓴다.

③ 언어창의성을 개발하기 위한 방법

언어창의성이 있는 아이의 창의성을 개발하기 위해서는 아이들이 언어적으로 발산될 수 있도록 도와야 한다.

- "앞으로 어떤 일들이 일어날까요?"
- "다음 장면을 재미있게 상상해 보세요."
- "하늘에 해가 없어진다면 어떤 일이 일어날까요?"
- "만약 나무에 열매가 아닌 다른 것이 열린다면, 어떤 열매가 열리면 좋겠나요?"

✓ 〈흥부와 놀부〉 이야기의 뒷부분을 상상해서 적어 보세요.

✓ 하늘에 해가 없어진다면 어떤 일이 일어날까요?

✓ 아주 멀리까지 볼 수 있는 요술안경이 생긴다면, 어떤 일들이 일어날까요? 상상해서 적어 보세요.

✓ 만약 나무에 열매가 아닌 다른 것이 열린다면, 어떤 열매가 열리면 좋겠나요?

나는 OOO 열매가 열리면 좋겠어요.

그 이유는

그 이후에 어떻게 될까요?

(2) 도형창의성

① 도형창의성의 개념

'도형'이란 그림의 모양이나 형태로서 점, 선, 면 또는 변형된 다양한 점, 선, 면으로 이루어진 집합을 통틀어 이르는 말이다. '도형창의성(figural creativity)'이란 불완전한 점, 선, 면 등을 제시하고 완성하게 하거나, 정확하게 알 수 없는 형태들을 보고 떠오르는 그림을 다양하고 특이하며 정교한 그림으로 창의적으로 표현하는 것을 의미한다.

도형창의성이 뛰어난 아동은 자동차, 가구, 식기, 의상, 홈페이지의 디자인과 관련된 일이나 도예, 건축, 미술 등과 같은 분야에서 다른 사람보다 창의성을 더 잘 발휘할 수 있다.

② 도형창의성이 있는 아동에게 나타나는 특성

- 무엇인가를 그리고 있을 때 가장 행복해 보인다.
- 그림 그리는 데 가장 많은 시간을 보낸다.
- 다른 유아에 비해 비교적 자세한 그림을 그린다.
- 다른 사람들이 하지 못하는 독특한 표현을 한다.

③ 도형창의성을 개발하기 위한 방법

도형창의성이 있는 아이의 창의성을 개발하기 위해서는 아이들이 그림으로 발산될 수 있도록 도와야 한다.

- "나에게 날개가 있다면 어떻게 살아갈 것 같은지 날개 달린 나의 모습을 그려 주세요."
- "돼지 소리를 내는 병아리가 있다면 어떤 모습을 하고 있을지 상상해서 그려

주세요."

- "네모가 큰 것과 작은 것이 있어요. 도형을 이용해서 멋진 그림을 그려 보세요."
- "옛날 버선 모양이에요. 버선 모양을 다양하고 독특하게 꾸며 보세요."

✓ 나에게 날개가 있다면 어떻게 살아갈 것 같은지 날개 달린 나의 모습을 그려 주세요.

✓ 돼지 소리를 내는 병아리가 있다면 어떤 모습을 하고 있을지 상상해서 그려 주세요.

✓ 다음 도형을 이용해서 재미있는 그림을 그려 보세요.

(3) 소리창의성

① 소리창의성의 개념

여러 가지 의미가 있지만, '소리'란 사람, 동물, 자연이나 생활도구 등의 물체가 진동에 의하여 생긴 음파가 귀청을 울리어 귀에 들리는 것으로, 음(音)을 의미한다.

'소리창의성(sound creativity)'은 청각 활동을 통해 다양한 소리를 기억하고 재생하면서 기존의 사람, 동물, 자연 및 생활 도구의 소리를 다른 도구를 사용하여 새로운 음향으로 만들어 내는 것을 의미한다. 또한 이러한 소리들을 새롭게 재결합하여 사람의 목소리에 의한 성악과 악기에 의한 기악 영역에서 인간의 감정과 느낌, 생각을 전달 · 표현하는 것을 의미한다.

소리창의성이 요구되는 직업으로는 모든 종류의 노래를 부르는 가수는 물론 판소리나 잡가를 잘하는 소리꾼, 노래를 직업으로 하는 소리쟁이, 음악을 전문으로 하는 작곡가, 지휘자, 연주자, 성악가, 음향 담당자, 성우 등이 있다.

② 소리창의성이 있는 아동에게 나타나는 특성

- 노래를 좋아한다.
- 새롭게 가사를 바꾸어 부르기를 좋아한다.
- 사람, 동물의 성대모사를 잘한다.
- 음악에서 악기의 소리를 잘 기억한다.
- 동화를 들려줄 때 다양한 목소리를 사용한다.

③ 소리창의성을 개발하기 위한 방법

소리창의성이 있는 아이의 창의성을 개발하기 위해서는 아이들이 사물이나 사람의 소리로 발산될 수 있도록 도와야 한다.

- “나의 감정(마음)을 소리로 표현해 보세요.”
- “말하지 못하는 사물(냉장고, 연필, 지우개 등)이 말을 한다면 어떤 소리로 할까요?”
- “엄마의 소리는 어떤 소리일까요? 표현해 보세요.”
- “새로운 집에 이사 왔어요. 나만의 독특한 초인종 소리를 만들어 보세요.”

✓ 나의 감정(마음)을 소리로 표현해 보세요.

✓ 말하지 못하는 사물(냉장고, 연필, 지우개 등)이 말을 한다면 어떤 소리로 할까요?

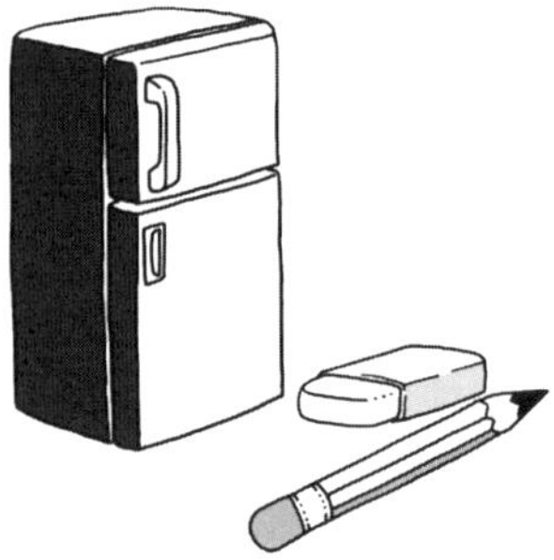

✓ 엄마의 소리는 어떤 소리일까요? 표현해 보세요.

(4) 동작창의성

① 동작창의성의 개념

'동작'이란 몸이나 손, 발 따위의 움직임을 의미한다. 인간에게 있어서 동작이란 삶의 근원으로, 움직임을 통해 욕구를 표현하고 나아가 주변 환경을 탐색함으로써 풍요로운 삶을 누리게 된다.

'동작창의성(movement creativity)'이란 신체를 움직여 생물, 사물, 자연물, 사건 등과 같은 다양한 형태의 동작의 '모방 동작'을 하고, 인간의 생각, 주변에서 흔히 일어나는 사건 및 다양한 감성과 느낌 및 분위기를 표현하고, 리듬과 동작의 아름다움을 표현하는 '표현 동작'을 하는 것을 의미한다.

동작창의성이 요구되는 직업으로는 각종 운동선수, 레크리에이션 지도자, 체육교사, 물리치료사, 모델, 연극인, 배우, 무용가 등이 있다.

② 동작창의성이 있는 아동에게 나타나는 특성

- 다양한 춤을 잘 춘다.
- 율동을 잘한다.
- 말할 때 동작을 많이 사용한다.
- 가만히 있지 못하고 어수선하다.
- 운동을 좋아한다.
- 다양한 표정을 잘 짓는다.
- 몸으로 다양한 동물 및 사물 흉내를 잘 낸다.

③ 동작창의성을 개발하기 위한 방법

동작창의성이 있는 아이의 창의성을 개발하기 위해서는 아이들이 동작으로 발산될 수 있도록 도와야 한다.

- "바닷속에 살고 있는 식물과 동물이 되어 동작으로 표현해 보세요."
- "만약에 걸어 다니는 전화기가 생긴다면 어떤 모습을 하고 있을까요? 동작으로 표현해 보세요."
- "나보다 더 큰 사탕이 있어요. 어떻게 먹을 수 있을까요? 사탕을 먹는 모습을 몸으로 나타내 보세요."
- "바람소리를 듣고 풀의 움직임을 신체로 민감하게 표현해 보세요."

✓ 바닷속에 살고 있는 식물과 동물이 되어 동작으로 표현해 보세요(활동하는 모습을 사진 찍어서 붙여도 좋습니다).

✓ 만약에 걸어 다니는 전화기가 생긴다면 어떤 모습을 하고 있을까요? 동작으로 표현해 보세요(활동하는 모습을 사진 찍어서 붙여도 좋습니다).

✓ 나보다 더 큰 사탕이 있어요. 어떻게 먹을 수 있을까요? 사탕을 먹는 모습을 몸으로 나타내 보세요(활동하는 모습을 사진 찍어서 붙여도 좋습니다).

(5) 조작창의성

① 조작창의성의 개념

'조작'이란 사전적으로는 매우 제한적인 의미로, 기계 따위를 일정한 방식에 따라 움직이는 것을 의미한다. 그러나 이 책에서는 '조작창의성(manipulative creativity)'이란 손으로 무엇인가를 주무르거나, 접거나, 움직이는 등 손으로 사물을 잘 다루어 창의적인 산출물을 만들어 내는 것을 의미한다.

조작창의성이 뛰어난 사람은 건축가, 조형예술가, 조각가, 설치미술가, 도예가, 매듭공예 전문가, 자수 전문가, 종이접기 예술가, 특수 분장사, 헤어 디자이너는 물론 음식과 관련된 직업인(조리사, 요리사, 떡을 만드는 사람), 포장하는 사람과 같이 손으로 무엇인가를 만져서 남다르게 창의성을 발휘할 수 있다.

② 조작창의성이 있는 아동에게 나타나는 특성

- 무엇인가를 손으로 만지고 있을 때 가장 행복해 보인다.
- 장난감 등을 조립하여 만드는 것을 좋아한다.
- 미술활동 중 그리는 것보다는 조형활동을 좋아한다.

③ 조작창의성을 개발하기 위한 방법

조작창의성이 있는 아동의 창의성을 개발하기 위해서는 아동들이 사물을 손으로 만지면서 발산될 수 있도록 도와야 한다.

- 다양한 요리재료를 가지고 창의적인 작품을 만들어 보게 한다.
- 조립할 수 있는 장난감을 활용하게 한다.
- 다양한 미술재료를 주면서 자유롭게 표현하도록 늘 재료를 공급해 준다.
- 유아가 만든 작품들을 용도에 맞게 전시해서 보여 주거나 활용하도록 한다.

✓ 다양한 요리재료를 가지고 창의적인 작품을 만들어 보게 한다.

팝콘을 이용한 작품 활동

팝콘나무 완성

✓ 직접 장난감 전개도를 그린 후 손으로 조작하여 만들어 보게 한다.

작업 과정

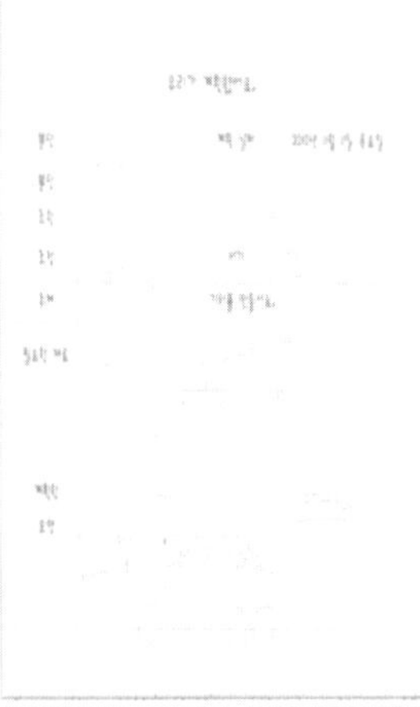

전개도

완성품

✓ 다양한 미술재료를 주면서 자유롭게 표현하도록 늘 재료를 공급해 준다.

옷감을 접거나 넓게 펴서 물을 들여 보세요.
물들인 옷감을 말린 뒤 불어 보세요.

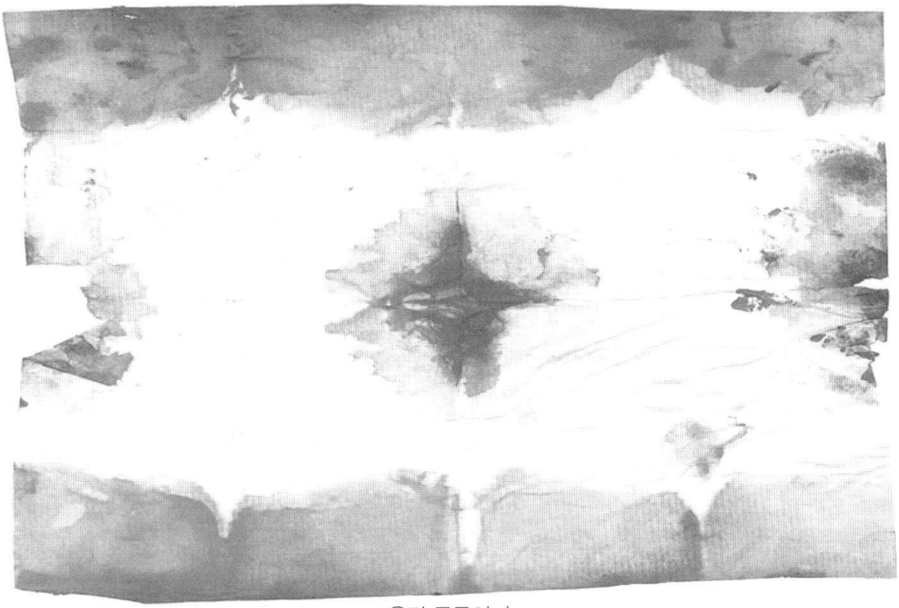

옷감 물들이기

✓ 유아가 만든 작품들을 용도에 맞게 전시해서 보여 주거나 활용하도록 한다.

유아 그림을 활용한 환경 정리

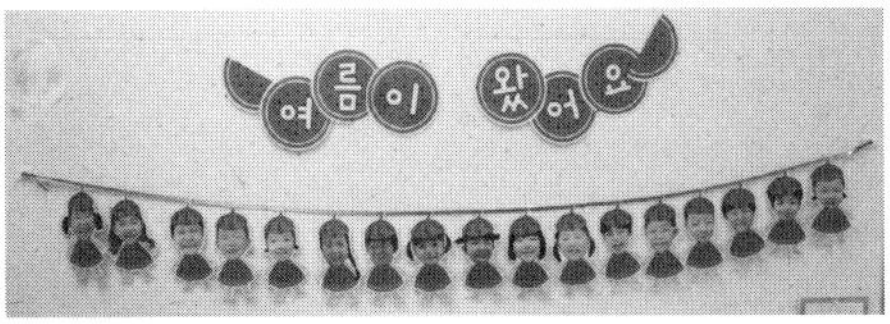

유아 사진을 활용한 환경 정리

제7장 논리와 창의성 교육

1. 논리 · 창의 교육의 이해

최근에 논리와 창의성을 중요한 교육목표로 인식하고 있다. 그러면서 논리와 창의성을 연관시키려는 관점이 대두되고 있는 실정이다. 논리와 창의성은 성격과 방법이 다르지만, 문제를 풀어 가기 위한 도구적인 속성을 가지고 있다는 면에서는 닮은 점을 가지고 있다. 창의적 사고가 새로운 아이디어를 떠올리게 하는 것이라면, 논리적 사고는 새로운 아이디어가 이치에 맞는지 점검하는 것이다. 창의적으로 사고하기 위해서는 생각을 자유롭게 할 수 있도록 해야 한다. 어떠한 문제에 당면하면 문제를 해결하기 위해 논리적 접근과 창의적 접근 모두가 필요할 수 있고, 각각의 접근이 선택적으로 필요할 수도 있다. 논리와 창의의 개념을 어떻게 정의하든, 중요한 것은 그 논리와 창의를 어떻게 개발하고 발전시켜 나갈 수 있는가 하는 것이다.

창의력은 기존의 방식으로는 풀리지 않는 문제 상황에서 새로운 희한한 답, 이론, 기술, 작품, 아이디어, 해결책을 '만들어' 내는 힘이다. 에디슨(Edison)은 "천재는 1%의 아이디어와 99%의 노력으로 이루어진다."라고 하였다. 이를 통해 창의력에 대해 생각해 볼 수 있다. 창의력이란 1%의 독창적인 아이디어와 99%의 현실적인 논리적 사고로 구성되어야 할 것이다. 유아의 창의성을 길러 주기 위해서는 유아가 자신에 대한 독특함을 느끼게 하여 스스로 생각해 낸 의견이나 만든 작품이 얼마나 소중한 것인가를 깨닫게 해야 한다(전경원, 2021). 또 우리가 흔히 하는 착각 중의 하나는 창의적인 사람은 새로운 생각을 잘 해내는 사람이라는 생각이다. 이것은 틀린 것은 아니지만 부족한 설명이다. 반짝하는 독창적인 아이디어가 우리 눈에 보이는 현실적인 무엇이 되기까지, 얼마나 많은 논리적 사고와 판단에 시간을 투자해야 하는지를 간과하고 하는 말이다.

창의력은 지난날 소크라테스(Socrates), 공자, 모차르트(Mozart), 아인슈타인(Einstein) 등의 문화적 거장들이 발휘했던 능력이다. 그러나 창의력은 그런 거장의 것만은 아니다. 보통 사람도 거의 모든 영역에서 그리고 거의 모든 일에서 그 나름의 창의력을 발휘할 수 있다. 신이 어떤 사람에게는 창의적으로 생각하는 능력만을 주시고 또 어떤 사람에게는 논리적으로 풀어내는 능력만을 골라서 나누어 주신 것은 아니다. 논리와 창의는 동시에 움직이는 개념이다. 논리적이지 못한 사람은 결코 창의적일 수 없다. 만약에 논리적이지 못한 사람이 창의적일 수 있다면, 우리가 가르치고 배우는 교육은 더 이상 의미를 찾기 힘든 것이 된다. 그렇다면 창의력이 풍부한 사람이 되기 위해 꼭 필요한 논리적인 사고는 어떤 방법을 통해 발전시킬 수 있을까? 이 질문에 대한 답은 깊게 고민해 보아야 한다. 어떤 방법이 논리적인 사고를 발전시키는 데 가장 효과적이라고 단정 지을 수 없을 것이다.

논리적인 사고를 하기 위해서 과학적 · 수학적으로 생각하는 사고 절차, 즉 과학적 · 수학적 사고방식을 먼저 키워 나가야 한다. 아무리 창의적일지라도 아이디어가 실질적이고 합리적인지를 결정할 수 없다면 생산적인 결과를 가져오지 못하기 때문일 것이다. 이에 더하여 교육 현장에서 가르치는 사람이 분명하게 이 내용을 이해해야 한다. 창의성 교육을 할 때 교사는 창의적인 사람의 모델이 되어야 한다. 또한 교사는 유아가 창의적으로 표현하거나 해석할 때 그대로 수용해야 한다. 다음은 유아교육 현장에서 이루어지는 주요 내용인 관찰, 분석, 비교, 추리의 순환 과정을 제시하고 있다. 이러한 과정을 거치면서 논리적 · 창의적 사고의 발전이 가능해진다.

1) 관찰에 익숙한 태도

창의적인 유아는 새로운 환경을 즐긴다. 특정한 사물에 깊은 관심과 흥미를 보이며 세상의 모든 것에 의구심을 갖는다. 이러한 유아들은 호기심이 많을 것이다. 호기심을 풀어 나가기 위해서는 관찰이 필요하다. 우리의 학창 시절을 돌이켜 보면, 배우는 모든 것은 다 관찰의 일환이다. 역사를 배우고, 국어를 익히고, 수학 문제를 푸는 모든 시간이 관찰을 하는 시간들이다. 다양한 시각을 가지고 꼼꼼하게 관찰하는 습관을 길러야 한다. 세상의 모든 것이 어떤 유기적 관계를 가지고 상호 간에 어떤 영향을 미치면서 발전해 가는지를 잘 관찰해 보아야 하는 것이다.

창의적인 유아는 세심한 관찰로 기존의 '유'에서 자신만의 독창적인 '유'를 만들어 낸다. 따라서 교사는 유아에게 논리적 · 창의적 사고를 발달시킬 수 있는 다양한 자극을 제공해 주고 세심한 관찰을 할 수 있는 환경을 조성해 주어야 한다.

2) 정보를 분석하는 습관

유아들이 "이것은 왜 그래요?"라고 질문하는 것은 바람직한 현상이다. 세상 모든 일에 '왜?'라는 질문을 던져 볼 필요가 있다. 유아는 유아 자신이 관찰해 온 모든 것을 섞어 보고 나누어 보고 붙여 보면서 '왜 이렇게 될까?' '왜 이렇게는 안 되는 걸까?' '이렇게 하면 되지 않을까?' 하고 스스로 질문한다. 그리고 답을 하는 과정에서 많은 것을 정의하고, 보이지 않지만 세상에 존재하는 원리들을 알아 가게 된다.

이러한 분석 과정을 거치면서 유아 개인의 가능성이 열리고 다양한 시각을 가진

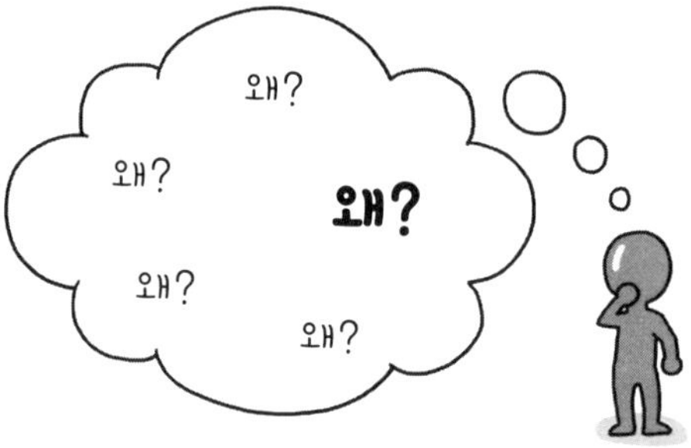

사회로 발전하는 것이 가능해진다고 말할 수 있다. 이때 교사가 전과 후의 이치에 맞게 설명해 주는 노력을 해야 유아들의 사고 세계가 넓어질 수 있다.

3) 정보의 가치를 이해하고 비교하는 습관

관찰과 분석 과정을 통해 정보들은 나름대로 가치를 지니게 될 것이다. 비교하기는 선택의 바로 전 과정이다. 잘못된 비교는 그릇된 선택으로 이어지는 결과를 낳기 때문에 신중해야 한다.

비교할 것이 많은 사람은 노력한 사람이며, 이러한 비교들이 행복한 삶으로 이어질 수 있다. 이 시기에 풍성한 지식과 재료를 가지고 올바른 비교하기를 통한 바람직한 선택을 하는 것은 추후에 학업성취도를 증진하거나 유아가 가지고 있는 잠재

력을 산출하는 데 토대가 된다고 볼 수 있다.

4) 가치를 만들어 가는 추리적인 태도

영유아기는 피아제(Piaget)가 말한 감각운동기와 전조작기에 해당되기 때문에 완전한 추리능력을 갖추기는 힘든 시기이다. 따라서 사고의 과정을 통해 논리의 완성으로 다가가면 추리가 가능하게 될 것이다.

또한 여러 가지 자연적 원리를 논리적으로 체계화하는 것이 바로 과학이다. 이러한 논리적 사고, 즉 추리하는 능력은 인간의 사고능력 중 가장 기본적이고 중요한 요소이다. 이 능력이 바로 미래의 가치를 만들어 나가는 힘이 될 것이며, 미래의 주역인 유아가 가치를 만들어 갈 것이다.

앞서 살펴본 바와 같이 창의적 사고란 논리적 사고에 기초하고 있다. 창의적 사고, 즉 창의력은 앞서 기술한 과정에 익숙할 때 비로소 만들어지는 것이다. 이렇게 창의성이란 논리적 사고라는 땅에서 피어나는 꽃이라는 사실을 항상 인식해야 한다. 논리와 창의는 여러 가지 상황에서 상호작용을 하며, 이 두 가지 요소가 결합될 때 완전한 사고 과정이 된다고 볼 수 있다.

2. 논리 · 창의 교육 방법

1) 논리적 사고

논리적 사고는 당면한 문제를 검토하고 평가하며 적절성의 여부를 판단하는 역할을 한다. 따라서 논리적인 사람은 느낌보다는 증거를 토대로 결론을 내리며, 해결책의 실행 가능성을 재차 점검한다.

논리적 사고능력은 많이 아는 것보다는 알고 있는 것을 활용해 주어진 문제 상황을 해결할 수 있는 효율적이고 합리적인 사고가 요구된다. 수많은 정보 중에서 필요한 것을 선별하는 능력, 문제의 원인과 해결책을 다각적으로 모색하기 위해 정보를 활용하는 능력이 필요한 것이다. 따라서 논리적 사고가 충족되기 위해서는 주장과 근거 사이의 유기적인 관계를 통한 합리적인 판단이 핵심이다(박찬옥 외, 2013).

●표 7-1● **논리적 사고 양식의 예**

논제		
논점	긍정팀/부정팀	
쟁점 1	주장	
	근거	
쟁점 2	주장	
	근거	
쟁점 3	주장	
	근거	

2) 창의적 사고

창의성은 사회문화적 맥락에 따라 달라지므로 학자마다 다양하게 정의된다. 창의성은 새로움(독창적, 독특한, 새로운, 신선한, 예기치 못한)과 적절성(유용한, 구체화된, 가치 있는, 의미 있는, 과제 조건을 충족시키는)이 결합된 것이다. 그러나 사회적 맥락에 따라 새로움과 적절성의 정의나 평가가 달라지므로, 한 사회적 맥락 속에서 창의적인 것이라고 해서 꼭 다른 맥락에서 창의적인 것으로 인정받는다는 보장은 없다(박찬옥 외, 2013).

한국교육개발원 등(2010)에 따르면, 창의성은 "인간의 삶의 질적 수준을 향상시키는 데 도움이 되도록 가치 있는 문화 특성이나 문명을 창출해 내고자, 자연현상이나 삶의 세계에 대하여 새로운 시각에서 통찰하거나, 융통성 있는 발상의 전환과 사고의 전환을 통하여 가치 있는 지적 · 과학적 · 문화적 아이디어와 산출물을 생산해 낼 수 있는 능력"이다. 다시 종합하면, 창의성이란 '새롭고 뜻있는 것을 만들어 내는 힘'이라고 할 수 있다.

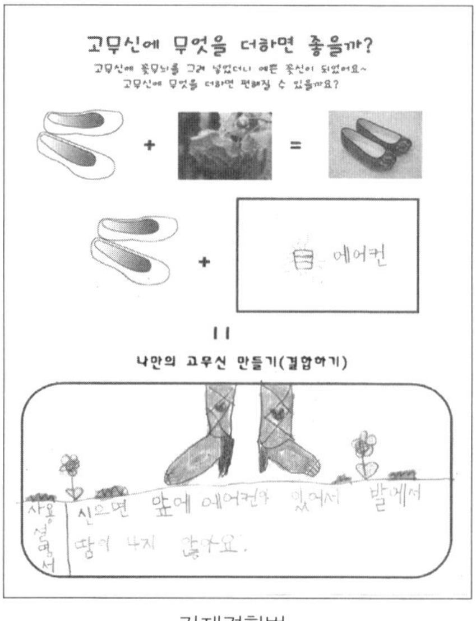

강제결합법

3) 유아와 창의성

유아는 창의적이다. 유아는 말하기, 그리기, 노래하기, 춤추기, 만들기와 같은 다양한 영역에서 자신의 생각과 느낌을 창의적으로 표현한다. 예를 들어, 한 유아가 하늘에 떠 있는 태양을 보면서 "태양이 지구보다 크다고 하는데 왜 지구 안에 쏙 들어와 있지?"라고 질문을 했다. 이 유아는 물론 과학적 지식이 부족하여 이러한 말을 한 것이다. 하지만 어느 성인이 "태양이 왜 지구 안에 쏙 들어와 있지?"라는 창의적이고 상상력이 풍부한 표현을 할 수 있겠는가? 유아가 하는 말을 듣다 보면, 어쩌면 저렇게 재미있는 생각을 할 수 있을까 깜짝 놀라게 된다.

창의성은 유아기의 특징이기도 하지만 동시에 계발되고 증진될 수 있는 특성이라고 한다. 특히 고정관념으로 사고가 굳어 버린 성인기보다 유연하고 독특한 사고체계를 지닌 유아기가 창의성 계발과 증진에 있어서 중요한 시기이다. 창의성을 계발 및 증진하기 위해서는 무엇보다 자신들만의 독특한 사고체계를 지닌 유아기에 대한 이해가 중요하다(Amabile, 1996; Runco, 1996; Torrance, 1975). 유아기의 창의적 사고를 위한 교육의 필요성에 대한 주장을 요약하면 다음과 같다(박찬옥 외, 2013).

첫째, 유아는 본질적으로 창의적인 존재이고 사고방식이 유연하고 개방적이며 상상력을 가지고 사물을 보는 존재이다.

둘째, 인간의 학습 및 문제해결의 태도나 양식은 대개 유아기 및 아동기에 학습되고 결정되므로, 어려서부터 창의적으로 생각하고 학습하도록 배운다면 청소년기나 성인기에도 창의적인 태도나 양식이 유지 · 발전된다. 즉, 교육의 효율성 면에서 영유아기에 창의성 교육이 필요하다.

셋째, 유창성이나 융통성 등은 유아기에 성인 못지않게 발휘되는데, 어렸을 때부터 교육하지 않고 일정한 성숙기를 기다리거나 단편적으로 교육해서는 효과를 거둘 수 없다.

넷째, 현대의 교육이 교과 간 통합, 일상생활과의 통합을 목표로 삼는데, 창의성이 가지는 통합적인 특성이 이러한 미래지향의 교육에 가장 적합하다.

창의적인 유아는 유머가 있고, 경직되지 않은 태도로 여러 활동에 임하며, 어려운 과제에 기꺼이 도전하고자 하는 태도를 가진다. 또한 주의집중 시간이 길고 높은 흥미를 유지한다. 또한 엉뚱한 생각을 많이 하기도 하여 또래에게 가끔 괴짜나 바보 같은 생각을 하는 아이로 인식되기도 한다. 하지만 자신감 있고 솔직하며 재미있고 독창적인 아이디어를 가지고 있어 친구들 사이에서 인기가 있다.

하지만 안타깝게도 창의성은 일반적으로 학교에 입학하고 나서 점점 감소하는 것으로 나타난다. 이 시기의 아동은 학교생활에 적응하고 권위를 수용하면서 창의적으로 사고하는 기회를 점점 잃어 가는 것 같다. 따라서 학령기 아동이 창의성 슬럼프에 빠지지 않도록 다양한 생각을 자발적으로 표현하도록 장려하고 인습과 융통성의 조화, 수렴적 사고와 확산적 사고의 조화를 이룰 수 있도록 이끌어 주는 것이 중요하다(박찬옥 외, 2013).

최근 창의적인 인재 양성을 위한 교육의 필요성이 대두되면서 유아기부터 창의성을 발달시키고자 하는 노력들이 증가하고 있다. 또한 최근 국내외 교육과정은 역량을 중심으로 미래 사회에 부응하는 방향으로 나아가고 있다. 미래 사회는 지식이 많은 사람보다는 지식을 잘 활용할 수 있는 사람을 필요로 한다(교육부, 보건복지부, 2019). 이러한 교육 방향의 변화는 창조적 사고로 지속 가능한 사회를 만들어 갈 수 있는 역량을 갖춘 인재를 양성하고자 하는 데 교육적인 목표를 두고 있다.

이처럼 현대 사회에서 중요하게 여겨지는 창의성 발달에 대한 학자들의 주장은 매우 다양하다. 탁월한 개인의 경우 창의적인 성취를 이루는 절정기가 따로 존재하며, 절정기에 다다르는 나이는 분야마다 다르다고 한다(이동원, 2005). 리먼(Lehman, 1953)은 창의성이 30대에 정점에 다다르며, 과학, 의학, 음악, 예술, 문학과 관련된 창의성의 경우 40대 이전에 이루어진다고 주장하였다. 그러나 성인기보다는 유아기 때 창의성 발달에 큰 영향을 받을 수 있다는 상반된 의견을 지닌 학자들도 다수 있었다. 토랜스(Torrance, 1966)에 의하면, 창의성은 어려서부터 발달하지만 4~5세인 유아기에 가장 왕성히 발달하고 취학 후에는 일관된 학교 교육에 대한 적응, 일치, 조화, 순응의 강조 때문에 창의성이 오히려 급격히 하락할 수 있다(최수현, 2010). 가드너(Gardner, 1993)는 5~7세인 전조작기 유아가 그 이후의 아동에 비해 풍부하고 창의적인 민감성을 지녔기에 이 시기 유아에게 다양한 교육환경을 제공하여야 한다고 주장하였다. 전경원(1995)도 유아기에 창의적인 특성은 유아들의 흥미로 이어지며, 훗날 유아들의 장래희망과도 관련지어 볼 수 있으므로 유아기의 창의성 발달에 중요하다고 주장하였다. 이러한 연구 결과들을 보면, 창의성 발달에 있어 유아기부터의 접근은 유의미하다고 볼 수 있다.

4) 유아 창의성 교육의 요소 및 하위 내용

창의적인 사람은 주어진 문제를 해결하는 인지적 특성, 이러한 인지적 특성과 보완적인 관계를 갖는 성향적인 특성, 그리고 몰입, 열정으로 표현되는 동기적 특성이 적절히 조화된 사람이다. 창의성 교육의 구성 요소는 인지적 요소, 성향적 요소, 동기적 요소로 구성된다. 따라서 유아교사는 단위 활동을 작성할 때 창의성 교육의 요소 및 하위 내용을 포함하여 계획안을 작성하여야 한다. 창의성 교육의 요소 및 하위 내용을 제시하면 〈표 7-2〉와 같다.

● 표 7-2 ● **창의성 교육의 요소 및 하위 내용**

<table>
<tr><th>요소</th><th>하위 내용</th><th>세부 내용</th><th>지도 방법</th></tr>
<tr><td rowspan="3">인지적 요소</td><td>사고의 확장</td><td>• 확산적 사고
• 상상력/시각화 능력
• 유추/은유적 사고</td><td>• 이야기 상상하기
• 상상하여 발문하기
• 관련성이 없는 것(사물)들의 연결점 찾기
• 사물의 다양한 용도 생각해 보기</td></tr>
<tr><td>사고의 수렴</td><td>• 논리/분석적 사고
• 비판적 사고</td><td>• 자료의 물리적 특성 탐색하기
• 궁금한 것 질문하기
• 생각을 정리해 보기</td></tr>
<tr><td>문제 해결력</td><td>• 문제발견
• 문제해결</td><td>• 일상생활 속에서 불편한 점 찾아보기
• 문제해결방법 생각해 보기
• 궁금한 점 찾기
• 사물 변별/분류하기
• (문제발견을 위한) 사물 관찰하기</td></tr>
<tr><td rowspan="2">성향적 요소</td><td>개방성</td><td>• 다양성
• 복합적 성격
• 애매모호함에 대한 참을성</td><td>• 약속에 대해 알아보기
• 사람마다 생각과 감정이 다르다는 것을 알기</td></tr>
<tr><td>독립성</td><td>• 용기
• 자율성
• 독창성</td><td>• 주도적 계획 짜기
• 하고 싶은 일(활동) 선택하기
• 다른 각도나 시각으로 보기(다양한 용도 찾아보기)</td></tr>
<tr><td rowspan="2">동기적 요소</td><td>호기심 흥미</td><td></td><td>• 다양한 경험을 통하여 사물이나 사건에 대한 궁금증 가지기
• 흥미롭거나 궁금한 점에 대하여 지속적으로 탐색하기
• 궁금한 것을 알 수 있는 방법을 생각해 보고 실천하기</td></tr>
<tr><td>몰입</td><td></td><td>• 한 가지 일에 몰두하여 참여하기
• 계획한 일은 끝까지 실천하기</td></tr>
</table>

출처: 교육과학기술부(2011). 유치원 기본과정 내실화를 위한 창의교육 프로그램.

5) 논리적 사고와 창의적 사고의 요소

논리적 사고와 창의적 사고를 향상시키기 위해서는 영유아와 교사가 하루 일과 속에서 당면하는 문제에 대하여 해결하기 위한 사고 과정을 중심으로 교육해야 한다. 논리적 사고와 창의적 사고의 구체적 요소는 〈표 7-3〉과 같다.

표 7-3 논리적 사고와 창의적 사고의 요소

구분		요소
논리적 사고	비판적 사고	• 문제와 개념 명료화하기(문제 파악하기) • 오류 찾기 • 어떠한 사실이나 상황의 옳고 그름과 좋고 나쁨을 가려내기 • 요점과 요지 및 의도 파악하기 • 최선의 해결방안 선정하기 • 결정된 입장 시각화하기 • 문제의 원인 인식하기 • 문제해결을 위한 정보 수집하기 • 순서화하기 • 다양한 해결 방법을 비교 · 분류 · 대조하기 • 논리적 근거 찾기 • 결과 예측하기 • 분명하고 설득력 있게 표현하기 • 적용하고 평가하기
	추론적 사고	• 나열되어 있는 개념을 하나의 의미로 종합하기 • 원인과 결과 관계 분석하기 • 논리를 근거로 추론하기
	논리적 성향	• 판단 유보하기 • 개선안 제시하기 • 반대되는 주장이 있을 가능성 따져 보기 • 정직하고 객관적으로 생각하기 • 다양한 문제에 관심과 호기심 갖기 • 끝까지 포기하지 않고 문제를 해결하기

창의적 사고	확산적 사고	• 다양한 시각으로 상황과 문제 조망하기 • 주어진 정보를 기초로 상상하기 • 가능한 한 많은 양의 아이디어 산출하기 • 고정적인 사고방식을 변화시켜 다양한 해결책 찾아내기 • 기존의 사고에서 탈피하여 희귀하고 참신한 아이디어나 해결책을 산출하기 • 아이디어를 정교하게 다듬어 발전시켜 표현하기 • 다양한 표현하기
	수렴적 사고	• 어떤 장면이나 상황에 대해 스스로 문제 제기하기 • 실행 후 발견된 문제를 해결할 수 있는 방법 생각하기 • 개념이나 사물을 그 속성이나 요소로 분석하기 • 사건의 전후관계 따져 보기 • 개념을 통일해 하나의 의미로 정립하기
	창의적 성향	• 당연하게 받아들여졌던 사실에 대해 의문 품기 • 새로운 가능성을 탐색하기 • 문제가 해결될 때까지 끈질기게 물고 늘어지기 • 문제 상황에 적극적으로 대처하기 • 자신의 아이디어의 가치를 인정하기

출처: 박찬옥 외(2013). **유아교사를 위한 논리 · 창의 교육**(제2판).

제 3 부

글쓰기와 논술

제8장

글쓰기[1]

1. 글쓰기 형식

무엇 하러 글을 쓰는가? 자신의 생각과 느낌을 상대방에게 표현하고 전달하기 위해서이다. 그렇다면 어떤 글이 좋은 글인가? 쓰고자 하는 생각과 느낌을 효과적으로 전달할 수 있는 글이다. 어떻게 해야 쓰고자 하는 생각과 느낌이 효과적으로 전달될까? 딱 부러지게 '~해야 한다'라는 요건이야 있을 수 없지만, 그래도 기본적으로 몇 가지를 꼽을 수 있다.

첫째, 글에는 쓸 가치가 있는 '쓸 것'이 분명하게 들어 있어야 한다.
둘째, 중심적인 자극을 집중적으로 써야 독자가 이해하기 쉽다.
셋째, 창의력이 담겨 있는 글이어야 한다.
넷째, 정성스럽게 써야 한다.

1) 이 장은 조수웅(2014, pp. 158-184)의 내용을 참고하여 집필하였다.

그 밖에도 뚜렷한 주제, 참신한 내용, 독창적인 표현, 문맥에 맞는 어휘 선택, 문법에 맞게 쓴 문장 등을 꼽기도 하며, 윌리엄(Watt William)은 충실성, 독창성, 정직성, 성실성, 명료성, 경제성, 정확성, 타당성, 일관성, 자연성의 열 가지를 좋은 글의 요건으로 들기도 한다.

이러한 글쓰기는 어떤 의도 · 목적을 가지고 무슨 내용을 전달하려고 하는가에 따라 글의 기술 방식(표현 방식, 진술 방식, 문장 양식)이 달라지는데, 기본적으로 설명, 논증, 묘사, 서사로 나뉜다.

1) 설명과 논증

설명은 일반적인 글의 기본이면서, 어떤 대상에 대한 정보를 전달하고자 하는 기술 방식이다. 즉, 모르는 것을 알게 해 주거나, 대강 아는 것을 자세하게 알려 줌으로써 낯선 것을 낯익게 해 주는 기술 방식이다. 그런데 어떤 것에 대해 잘 알고 있다고 해서 반드시 잘 전달할 수 있는 것은 아니다. 알고 있는 것을 잘 전달하려면 주제, 독자, 상황 등을 고려한 효과적인 설명 방법이나 전략이 필요하다. 그러한 설명 방법에는 정의, 예시, 인용, 비교와 대조, 분류와 구분, 분석, 지정(확인) 등이 있다.

논증은 독자와 필자가 다른 의견을 가지고 있다는 것을 전제로 필자의 의견과 주장을 독자에게 논리적으로 설득시키는 진술 방식이다. 그러니까 논리적인 설득을 위해 이유와 근거를 합리적으로 제시하는 방법이 '논증'인데, 어떤 사실이나 문제에 대한 의견이나 주장을 단일한 언어적 표현으로 나타낸 것을 '명제', 어떤 의견을 주장할 때 그 의견을 입증하기 위한 증거를 '논거', 이미 알고 있는 명제로부터 새로운 명제인 결론을 끌어내는 과정을 '추론'이라 한다. 명제에는 사실명제, 정책명제, 가치명제가 있고, 논거에는 사실논거와 의견논거가 있으며, 변증법적 추론에는 연역적 추론과 귀납적 추론이 있다.

2) 묘사와 서사

묘사는 대상이나 정황을 그림처럼 보여 주는 기술 방식이다. 대상에 관한 정보나 지식을 전달하지 않고 그 대상에서 받은 인상을 전달한다. 예컨대, "은행잎이 노랗다."는 설명이고 "은행잎이 금화(金貨) 같다."는 묘사이다. 또 묘사는 서사의 흐름이 정지된 것이 아니라 서사의 변형이라고도 할 수 있다. 경험으로부터 나온 이미지여야 묘사하고자 하는 대상에 구체적인 형상과 질감을 부여할 수 있기 때문이다.

유대계 독일 평론가인 벤야민(W. Benjamin, 1892~1940)의 〈산딸기 오믈렛〉 이야기를 통해서 떠오르는 이미지를 구체화하는 요령을 생각해 보자. 어떤 나라 왕이 권력도 보물도 다 귀찮아졌다. 요즈음 말로 우울증에 시달리고 있는 것이다. 그러던 어느 날 왕은 50년 전에 맛보았던 산딸기 오믈렛을 먹으면 나을 것 같다는 생각이 문득 떠올랐다. 그래서 궁중요리사에게 그 오믈렛을 만들어 오라고 명하였다. 50년 전 왕이 전쟁에 쫓기어 도망치다가 기진맥진한 상태에서 오두막을 발견했을 때, 오두막의 노파가 만들어 온 산딸기 오믈렛을 한 입 먹자마자 기적처럼 힘이 되살아났던 것을 기억해 낸 것이다. 산딸기 오믈렛에 대한 왕의 기억처럼 모든 대상이 특별한 경험과 연결되어 있는 것은 아니다. 대부분의 대상은 덧셈이나 뺄셈을 가르칠 때 소재로 쓰는 산딸기같이 구체적인 감각이나 경험과는 분리된 추상적인 상태로 존재한다. 산딸기 오믈렛에 대한 왕의 기억은 개인적이면서 특별한 것이다. 왕에게 있어서 산딸기 오믈렛은 전쟁의 위험, 쫓기는 자의 주의력, 부엌의 따뜻한 온기, 뛰어나오면서 반겨 주는 인정, 어찌 될지도 모르는 현재의 시간과 어두운 미래라는 무거운 분위기가 포함되어 있어서 어떤 재료를 동원해도 그 맛을 살릴 수는 없을 것이다. 다시 말하면, 왕의 경험에 자리 잡고 있는 산딸기 오믈렛에 대한 기억은 누구와도 공유할 수 없는 부분이다. 이렇듯 누구와도 공유할 수 없는 자신의 독특한 경험이 좋은 글쓰기의 중요한 요소가 될 것이다.[2]

2. 글쓰기 과정

1) 구성과 표현

자신의 생각과 느낌을 표현하거나 전달하는 과정에서 필자는 어떤 단어를 고르고, 어떤 문장을 쓸 것이며, 문단 구성은 어떻게 할 것인가를 고심하지 않을 수 없다. 어떤 단어, 어떤 문장, 어떤 문단을 선택했느냐가 바로 좋은 글의 여부를 가릴 것이기 때문이다.

(1) 단어 선택

플로베르(Flaubert)가 말한 일물일어설(一物一語說)처럼 단어 선택은 좋은 글쓰기의 출발점이다. 사실, 글은 단어로 시작해서 단어로 끝난다. 그러므로 작가의 생각과 느낌을 제대로 표현하거나 전달하기 위해서는 단어 선택이 매우 중요하다.

예컨대, '칠칠한 성격과 칠칠하지 못한 성격' '다르다와 틀리다(예: 소문과 틀리지 않게 색상이 다르네)' '고치다(예: 이름으로 고쳤다)와 바꾸다(예: 일정을 바꾸다)'[3] '덕분과 탓' '절대(부정문)와 반드시(긍정문)' '너무(부정문)와 매우(긍정문)' '일체와 일절' 등에서 보듯, 국어의 각종 표기 규범에 맞는 정확한 어휘를 쓸 수 있어야 한다. 그 밖에 외래어 표기(리포트, 워크숍, 플래카드, 센터, 심포지엄)나 '사용하는 데와 형성하는

---

2) 설명이 낯선 것을 낯익게 하는 것이라면, 묘사는 낯익은 것을 낯설게 하는 것이다.

3) 다르다: ① 같지 않다. ② 특별한 데가 있다. ③ 변함이 없다.
틀리다: ① 셈이나 사실 따위가 그르게 되거나 어긋나다. ② 사이나 감정이 나쁘게 되다. ③ 하는 일이 순조롭지 못하다. ④ 서로 견주어 얻은 결과가 다르다.
고치다: ① 낡거나 헐거나 고장이 나거나 한 물건을 손질하여 제대로 되게 한다. ② 그릇되거나 틀리거나 한 것을 바로잡다. ③ 모양이나 태도 따위를 새롭게 가지다. ④ 이름, 명칭, 형식 따위를 다르게 바꾸다.
바꾸다: ① 어떤 물건을 주고 대신 딴 물건을 받다. ② 본디 것이 딴 것이 되게 하다. (조선대학교 삶과 글 편찬위원회, 2005)

데' '심각한지와 건립한 지' '보잘것없는' '두말없이' '쉴 새 없이' '한눈팔다' '귀담아듣다'와 같은 띄어쓰기 규범에도 어긋남이 없어야 한다(반의어 검증으로 띄어쓰기: 큰 소리가 들린다, 큰소리만 친다/ 새 옷, 새언니/ 학기 말에 무슨 전학이냐?, 학기말 방학이다/ 너는 안 돼, 그 녀석 안됐어/ 외교관이 못 되었다, 버릇이 못되었다/ 밥을 먹어 대다, 영수를 먹어대다).

또 독자들이 작가의 생각과 느낌에서 특수한 감각을 쉽게 끌어낼 수 있도록 구체적이고 감각적인 어휘를 사용하는 일도 매우 중요하다. 이뿐만 아니라 상투어(예: '~고 있다, ~ 수 있다.')나 외국어를 남용하는 일이 없도록 각별히 주의하여야 한다. 또한 추측성 서술어는 단정적으로 쓰며, 관용어를 남발하지 않아야 한다.

(2) 문장 쓰기

모든 운동의 기초가 '달리기'이고 모든 그림의 기초가 '크로키'이듯, 모든 글쓰기의 기초는 '문장'이다. 따라서 좋은 글을 쓰려면 문장 수련부터 부지런히 해야 한다.

문장은 한 편의 글 속에서 '완결된 생각이나 느낌을 표현하는 가장 작은 단위'로, 그 속에 단어, 어절, 구, 절 등을 얼마나 질서 있게 배열했는가에 따라 좋은 문장과 그렇지 못한 문장으로 판별된다. 이때 질서 있는 배열이란 문장의 주술관계, 호응, 연결 등이 어법에 맞고 자연스럽다는 뜻이다. 게다가 간결하고 정확하며 그 의미가 신속하게 전달될 수 있도록 쓰여야 한다는 뜻이기도 하다. 문장을 효과적으로 쓰려면 가능한 한 간결하고 분명하게 쓰며, 동어 반복을 하지 말아야 한다. 문장에서 강조할 것도 아닌데 말만 바꾸어 되풀이하거나 뜻이 거의 같은 말을 반복하는 것, 필요하지 않은 단어를 사용하는 것, 공연히 길게 쓰는 것, 필요 없이 복잡하게 쓰는 것은 절대 금물이다. 또 구절을 되풀이하면 단어 중복보다 몇 배 더 지루해진다. 중복된 의미는 모호해지거나 글의 논리성을 해치고, 독자에게 쉽게 싫증을 느끼도록 하기 때문이다. 따라서 문장 성분을 적절히 생략하거나 비슷한 말로 바꾸는 방법, 지시어나 접속어를 활용하는 방법 등을 써서 동어 반복을 피해야 한다.[4]

(3) 문단 쓰기

문단(paragraph)이란 몇 개의 문장이 모여서 하나의 중심 생각을 나타내는 글의 단위이지만, 하나의 중심 생각(소주제)을 담고 있는 중심 문장에 뒷받침해 주는 보조 문장이 보태져 통일성을 갖춤으로써 그 자체로 완결된 구조를 이룬다는 점이 핵심이다. 이런 문단이 갖추어야 할 기본 요소로는 세 가지를 들 수 있다.

첫째, 통일성(unity)이 있어야 한다. 즉, 한 문단은 오직 하나의 중심 생각만 포함하고 있어야 한다(재료 선택의 요건).

둘째, 일관성(coherence)과 연속성(continuity, 연결성, 응집성, 결속성)이 있어야 한다. 즉, 문단의 각 부분이 논리적으로 연결되어야 한다. 여기서 논리적 연결이란 처음 올 것이 처음 오고 두 번째 올 것이 두 번째 와야 한다는 말이다(문단 구성 요소들의 일정한 순서). 이에 비해 연속성이란 각 부분이 매끄럽게 연결되는 것을 말한다(재료 배열의 원리).

셋째, 완결성(completeness, 강조성)이 있어야 한다. 즉, 문단의 소주제를 독자들이 잘 납득할 수 있도록 구체적이고 알기 쉬운 내용으로 된 뒷받침 문장들이 충분히 제시되어야 한다.

그 밖에도 문단을 전개해 나갈 때는 일반화하지 않고 구체화하는 것이 가장 좋은 방법이며, 중심 문장은 항상 완전한 문장, 문단 전체의 내용을 포괄한 문장, 짧고 간결한 문장인 것이 좋다.

---

4) 문장력은 꾸준한 노력의 결실이다. 짧은 기간 연습한다고 금방 좋은 문장을 쓸 수 있는 것은 아니다. 또한 문법이나 정서법을 익혔다고 해서 문장 쓰기의 기본을 모두 익힌 것도 아니다. 실제 자신의 글을 여러 번 고쳐 쓰면서 올바른 문장의 원리를 익혀야 한다. 평소 다양한 글을 정독하면서 좋은 문장을 접하는 것도 도움이 된다. 생각과 느낌을 정확하게 전달할 수 있도록 어휘력을 갖추는 데도 관심을 갖도록 하자(조선대학교 삶과 글 편찬위원회, 2005).

2) 과정과 전략

아버지를 대상으로 그림을 그리라면 술에 취해 넘어진 모습을 금방 그려 내는 초등학교 2학년 학생이 글로 쓰라니까 연필만 굴리고 있더라는 일화에서 보듯, 일반적으로 사람들은 글쓰기를 두려워한다. 하지만 글쓰기의 전략을 얼마간 학습하고 그중에서도 '쓸거리 쉽게 찾기' 훈련을 철저히 하면 두려움 대신 재미를 느끼며 글쓰기를 하는 수준까지 이를 수 있다.

(1) 글쓰기 과정

글쓰기 과정은 계획하기, 내용 생성 및 조직하기, 초고 쓰기, 평가하기, 고쳐 쓰기의 다섯 단계로 구분되어 있다. 하지만 이 다섯 단계는 단절되어 있다기보다는 서로 긴밀하게 얽혀 있는 사고 과정이다.

① 계획하기

누구나 글을 쓸 때 각 단계를 넘나들기도 하며 반복적으로 되풀이하기도 한다. 이러한 이유로 실제 글쓰기에서는 각 단계의 구별이 쉽지 않지만, 그래도 그 첫 순서는 '계획하기'이다. 이 단계는 모든 일에서 첫 단추를 잘 끼우는 일이 중요하듯, 작문 과정의 수행에 중요한 영향을 미친다. 그래서 유능한 필자는 예상 독자, 필자의 입장, 글쓰기의 목적, 글의 주제 상황을 탐색하는 등 필자가 해결해야 할 문제의 성격을 명확히 규정하느라 계획하기에 많은 시간을 보낸다.

② 내용 생성 및 조직하기

글쓰기가 실제 이루어지는 첫 단계이다. 글쓰기를 잘하기 위해서는 쓸 내용이 풍부해야 하는데, 글쓰기가 어려운 까닭은 쓸거리를 잡지 못하기 때문이다. 쓸거리만 있다면 누구나 죽이 되든 밥이 되든 써 나가기는 할 수 있을 것이다. 그래서 쓸거리를 쉽게 잡을 수 있는 전략의 훈련이 매우 중요한데, 그 방식으로는 겪은 일 회상하기, 경험해 보기, 관찰・조사하기, 상상하기, 독서하기, 토론하기, 자유연상(free association)하기, 일지 쓰기, 브레인스토밍(brainstorming)하기, 독자에게 이야기하기, 체계적으로 주제 탐색하기, 푹 쉬면서 구체화하기 등 여러 가지가 있다.

③ 초고 쓰기

초고 쓰기는 생성하고 조직한 내용을 바탕으로 하여 작문을 실제적으로 수행하는 첫 과정이다. 그런데 '표현하기' 대신 '초고 쓰기'라는 이름을 쓴 것은 초안을 만들어 내는 과정임을 강조하는 의미가 있다. 따라서 이 단계에서는 어문 규범에 너무 얽매이지 않는 것이 좋고, 글을 써 나가다가 막히거나 내용이 적을 때에는 앞 단계로 되돌아가서 내용을 더 마련하거나 고칠 수도 있다. 또 초고를 쓸 때는 시행착오를 줄이기 위해 장르적 특성과 의의, 규범에 따라 내용을 전개할 필요가 있다.

④ 평가하기

평가 활동은 초고를 필자 자신이 스스로 검토하거나 동료들과 돌려 읽고 고쳐야 할 점을 발견하는 단계로, 고쳐 쓰기 단계에 도움을 주는 피드백 성격을 지닌다. 특히 사회-인지적 관점에서 보면 글쓰기란 사회・문화적 상황 속에서 발생한 개인의 글쓰기 행위이고 필자는 문제해결자이므로, 글쓰기 과정에서 필연적으로 협동적 상호작용이 이루어지게 된다.

⑤ 고쳐 쓰기

고쳐 쓰기는 평가 활동의 결과를 바탕으로 하여 수행된다. 동료의 평가 반응이나 자기 스스로 검토한 내용(고쳐 써야 할 점)을 명료하게 의식하여, 부족한 내용을 보완하고 잘못된 내용을 바로잡아야 한다. 그래서 고쳐 쓰기 단계는 필요에 따라 지속적이면서도 반복적으로 수행하는 것이 좋다. 이때 유의할 점은 고쳐 쓰기를 거시적 관점부터 시작하는 것이다. 고쳐 쓰기라고 하면 철자법이나 띄어쓰기를 떠올리는데, 그러지 말고 글 전체가 주제를 꿰뚫고 있는가를 맨 먼저 검토한 다음, 글의 앞부분, 중간 부분, 끝부분이 균형을 이루었는지를 살피고 나서 '문단 → 문장 → 어휘' 순으로 고쳐 나가야 한다.

(2) 매체 변화에 따른 전략

1990년 중반부터 본격적으로 보급된 개인용 컴퓨터가 지금은 우리의 삶과 글쓰기에 절대적 영향을 미치고 있다. 이제 컴퓨터 없이는 글을 한 줄도 못 쓰는 젊은이들이 참 많다. 다시 말해, 컴퓨터가 우리의 삶과 글쓰기, 독서 경향 등에 커다란 변화를 가져오고 있는 것이 분명하다. 영상 세대의 글쓰기를 생각해 보면, 어릴 때부터 문자보다는 영상에 익숙해진 환경 속에서 자라난 세대들은 어떤 언어보다도 이미지를 읽어 내는 감각이 예민하게 발달해 있다. 독서나 글쓰기의 이런 취향과 습관 때문에 영상 세대는 문자 세대와는 매우 다른 감수성과 가치관을 형성하고 있음을 볼 수 있다.

영상 매체의 장점은 일단 언어나 문화적 배경, 연령, 교육 수준 등을 뛰어넘어 그 적응 범위가 매우 넓고 전달 속도가 빠르다는 점, 전달 방식이 구체적이라는 점, 정보를 대량으로 전달할 수 있다는 점, 다양한 독해가 가능하다는 점이지만, 정보 전달의 정확성이나 구속성이 약하고 산만하다는 점, 수용자의 비판의식이나 주체적 행동을 유도하기가 어렵다는 점, 추상적이고 논리적인 사고를 둔화시킨다는 점 등의 단점이 있다.

아울러 문자 문화가 구술 문화의 살아 있는 감각을 지나치게 추상화했다는 아른하임(Arnheim)의 비판처럼, 영상 문화가 지나치게 시각 중심이어서 사유의 단순화를 불러온다는 점도 경계할 필요가 있다.

(3) 구술성과 문자성

우리가 구술성(orality)과 문자성(literacy)의 차이에 대해 이해하기 시작한 것은 전자 미디어와 인쇄 매체를 대조시키면서부터이다. 전자시대는 전화, 라디오, 텔레비전과 같은 매체에 의해 형성되었지만 그 존립을 문자와 인쇄에 두고 있다는 점에서 '2차적 구술성'의 시대라고 불린다. 글쓰기 논의에서 구술성을 끄집어낸 것은 말과 글이 서로 별개의 것이 아니라 오랜 역사 속에서 함께 형성되어 왔음을 인식할 필요가 있기 때문이고, 문자의 역할을 이미지가 상당 부분 대신하게 된 전자시대에 접어들면서 오히려 구술성에 대한 깊이 있는 이해가 더욱 요청되고 있기 때문이다.

제9장

창의적 사고 글쓰기

빠르게 변화하는 시대에 따라 창의에 대한 개념과 생각도 함께 진화하고 있다. 현대 시대 창의성이란 단순히 남과 다른 생각을 표현하는 것에서 벗어나 다각적인 면에서 창의적인 면을 요구한다. 그러면서도 다른 사람들에게 설득력 있게 표현되어야 하며, 그렇게 하기 위해서는 언어적인 표현 방법의 발달이 중요하다. 2019 개정 누리과정에서 추구하는 인간상은 창의적인 사람이다. 또한 의사소통 영역에서는 듣기와 말하기, 읽기와 쓰기에 관심 가지기, 책과 이야기 즐기기의 범주로 "일상생활에 필요한 의사소통 능력과 상상력을 기른다."를 목표로 창의성을 매우 강조하는데, 이는 창의 논술을 통해 더욱 발전시켜 나갈 수 있다.

이 장에서는 창의 활동의 여러 기법, 즉 브레인스토밍, 강제결합법, 희망열거법, 스캠퍼 기법 등을 통해서 언어적으로 창의성을 발휘하도록 하였다.

1. 브레인스토밍

1) 정의

브레인스토밍(brainstorming)은 '두뇌'라는 뜻의 브레인(brain)과 '폭풍'이라는 뜻의 스토밍(storming)이 결합된 단어로 '두뇌폭풍'을 의미한다. 이는 집단 발상 방법으로 문제해결의 단계 중 빠른 시간 안에 많은 아이디어를 낸다는 것에 역점을 둔 아이디어 발상법이다. 즉, 특정한 문제나 주제에 대해 두뇌에서 마치 폭풍이 몰아치듯이 생각나는 아이디어를 모두 내놓는 기술이다.

2) 규칙

① 창출된 아이디어를 비난하거나 평가해서는 안 된다.
② 아무리 우스꽝스러운 아이디어라도 수용되어야 한다.
③ 아이디어는 많을수록 좋다.
④ 이미 제안된 아이디어로부터 다른 아이디어를 이끌어 낼 수 있도록 한다.

3) 진행 방법

(1) 사전 활동: 워밍업, 그룹 만들기, 리더자와 기록자, 발표자 정하기

① 리더자의 역할: 발언권, 규칙을 어겼을 때 경고를 준다.
② 기록자의 역할: 아이디어를 기록한다.
③ 발표자의 역할: 아이디어를 발표한다.

Tip 리더자, 기록자, 발표자를 뽑을 때는 융통성 있는 교사의 중재가 필요하다. 늘 하고 싶어 하는 유아들만 하는 경우도 있으며, 서로 하고 싶어 해서 다툼이 있을 때 교사는 유아들이 돌아가면서 모두에게 기회를 갖도록 하는 방법을 제안할 수 있다.

(2) 본 활동

① 주제 정하기: 유아들이 주제를 직접 선정할 수 있으며, 교사가 주제를 정해 줄 수도 있다.

주제: 교실에서 다치지 않으려면?

② 토의하기: 토의가 시작되면 손을 들어 의사 표시를 하고 리더의 허락을 받은 뒤 발언을 할 수 있으며, 리더자를 중심으로 서로 돌아가며 발표를 할 수도 있다. 비난하며 웃는 유아나 참여하지 않는 유아에게 종, 호루라기, 깃발 등으로 주의를 줄 수 있다.

주제: 교실에서 다치지 않으려면?
토의자:
리더자:
기록자:
아이디어:

1.	2.
3.	4.
5.	6.

(3) 사후 활동: 평가

브레인스토밍 활동을 한 후에 갖게 되는 평가 시간은 아이디어를 발전시키고 이행하기 위한 목적이 있다. 이 시간은 모든 아이디어를 함께 들어 보면서 더 깊이 탐구해 보고 아이디어를 재정리할 수 있는 시간으로 만들 수 있다. 선택된 아이디어를 실제로 계획해 보고 실행해 보는 것도 창의성 교육을 위해 좋은 방법이다.

✓ 가장 좋은 아이디어 3개를 뽑아 보세요.

✓ 이 중에서 한 가지를 선택해서 실행에 옮겨 보세요.

4) 글쓰기를 위한 브레인스토밍 실제

✓ 나무에 적힌 글자를 보고 그 글자가 들어가는 단어를 적어 본 후 문장을 만들어 보세요.

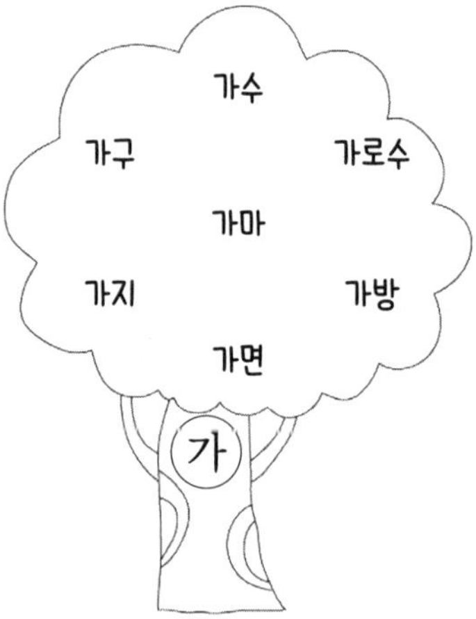

✓ 나무에 적힌 글자를 보고 그 글자가 들어가는 단어를 적어 본 후 문장을 만들어 보세요.

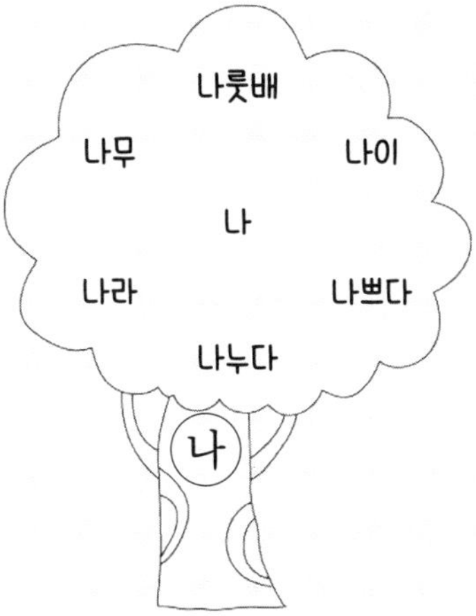

✓ 자신이 쓴 단어 중 한 가지씩만 선택해서 글짓기를 해 보세요.

예) 가마 → 새색시가 가마 타고 시집 가요.

1. ………… → …………

2. ………… → …………

3. ………… → …………

✓ 브레인스토밍으로 한 단어를 이용해 문장을 만들어 보세요.

• 브레인스토밍: '바다' 하면 생각나는 것을 적어 보세요.

파도		

• 문장 만들기: 브레인스토밍했던 단어들을 이용하여 문장을 만들어 보세요.

예) 철썩철썩 파도 소리가 나요.

1. ....

2. ....

3. ....

4. ....

✓ 주어진 단어를 이용해 브레인스토밍을 한 후에 문장을 만들어 보세요.

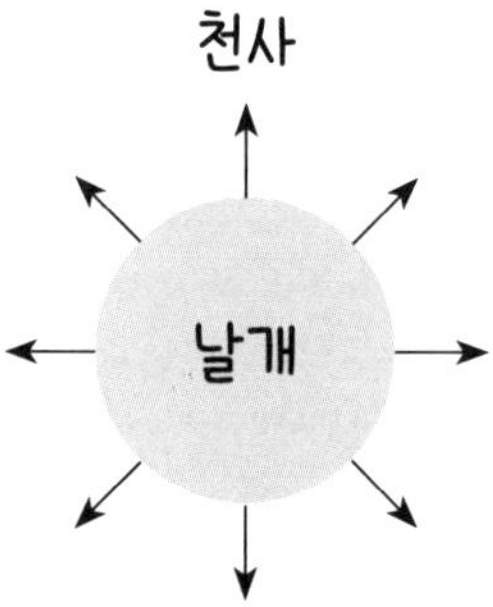

• '날개'라는 단어를 이용해 문장을 만들어 보세요.

예) 넌 날개가 있는 천사 같다.

1.

2.

3.

4.

2. 강제결합법

화이팅(Whiting)이 창안한 '강제결합법(forced relationships)'은 억지로 관계를 맺어 보도록 하는 방법으로 어떤 사물이나 아이디어를 색다르게 생각해 보는 능력을 개발하도록 돕는 연합사고 활동이라고 할 수 있다.

✓ 단어를 강제 결합해서 재미있는 문장을 만들어 보세요.

선풍기	수박
⇒ 날씨가 너무 더우면 선풍기 앞에서 수박을 먹으면 시원해요.	
달력	엄마
⇒	
비	개구리
⇒	
나비	초록색
⇒	
학교	유치원
⇒	

3. 희망열거법

희망열거법은 원하고 바라는 희망을 찾아보는 것으로, 만족한 사물이나 상황에 대해 좀 더 바람직한 눈으로 희망 사항을 나열해 아이디어를 이끌어 내는 기법이다.

✓ 우리 친구들이 생각하는 망토는 어땠으면 좋겠나요?

글 내용	이런 망토가 있었으면 좋겠어요. 주장: 이유: 근거:

그림	

4. 스캠퍼 기법

스캠퍼(SCAMPER) 기법은 일곱 단어의 약자로 구성되어 있으며, 특정 대상이나 특정 문제에서 출발해서 그것을 변형시키는 방법으로 아이디어와 상상력을 동원하도록 도와주는 체크리스트 기법이다. 이 기법을 활용하면 용도를 개발하거나, 품질을 개선하거나, 실용성을 증진하는 등의 아이디어 계발에 유용하다.

● 표 9-1● **스캠퍼 기법을 진행하기 위한 일곱 약자의 의미(SCAMPER)**

구분		요소
S	대치하기(Substitute)	무엇으로 대치할 것인가?
C	결합하기(Combine)	무엇과 결합할 수 있는가?
A	순응하기(Adapt)	순응은 어떠한가? 무엇과 비슷한가?
M	수정하기(Modify)	수정은 어떠한가? 색, 모양 등은 어떻게 바꿀 수 있는가?
M	확대하기(Magnify)	확대는 어떠한가?
M	축소하기(Minify)	작게, 보다 가볍게, 짧게 만들 수 있는 방법은 없는가?
P	다른 용도로 사용하기 (Put to other uses)	다른 용도로 사용할 수 있는가?
E	제거하기(Eliminate)	제거하는 것은 어떠한가?
R	재정리하기 또는 반대로 하기 (Rearrange)	반대로 하는 것은 어떠한가? 순서를 바꾸는 것은 어떠한가? 어떻게 하면 방향을 돌리거나 원래의 위치와 반대되는 곳에 놓을 수 있는가?

출처: "전경원, 박인영, 김경숙, 오한나(2020). **발문 중심의 유아창의성 교육**."의 내용을 표로 재구성함.

✓스캠퍼(확대하기): 운동화가 버스만큼 커졌어요. 아주 커진 운동화를 어떻게 활용하면 좋을까요?

글 내 용	**운동화가 커졌어요!!!**

그림	

제10장 논리적 사고 글쓰기

논리적 사고 글쓰기는 어떤 주제에 대해 문학적인 요소를 가미하여 감정을 담아 설득력 있게 표현해야 하는데, 일반적인 사고뿐만 아니라 창의적인 요소들의 색다른 배합을 통해 논리적 사고 글쓰기가 더욱 획기적으로 드러날 수 있다. 이뿐만 아니라 글쓰기를 위한 다양한 표현 방법을 제시하여 자신의 생각과 감정을 재미나게 표현하고 그로 인해 많은 사람의 생각도 함께 공감하며 느낄 수 있도록 하였다.

이 장에서는 창의적 문제해결, 이야기를 통한 글쓰기, 딜레마, 명화논술, 독서논술의 색다른 주제를 통해서 논리적 사고 글쓰기를 발휘하도록 하였다.

1. 창의적 문제해결

창의적 문제해결(creative problem solution)은 어떤 자료나 글을 읽고 그 안에서 보여 주고자 하는 문제를 정확히 찾아내서 그것을 해결하려면 어떻게 해야 하는지 창의적으로 대안을 찾아 가는 서술 방법이다. 논술에서 문제해결의 의미는 생활 주변에서 스스로 문제를 찾아서 이미 가지고 있는 지식과 새로운 정보를 활용하여 문제를 풀어 가는 데 있다. 문제를 해결하는 유형의 논술 지시문은 대체로 '문제점이 무엇일까?' '문제의 원인이 어디에 있을까?' '문제를 해결하지 못하면 어떤 결과가 올까?'와 같은 형태를 말한다.

제목	내용이 잘 드러날 수 있는 제목을 만들기	
서론	문제점 확인하기	
	수상하기	
	주장한 이유 쓰기	
결론	자신의 의견 정리하기	

✓ 이 아이는 왜 울고 있을까요? 울지 않게 해결할 수 있는 방법은 무엇이 있을까요?

2. 이야기를 통한 글쓰기

이야기를 통한 글쓰기는 이야기를 듣고 그 안의 발문을 통해서 생각하고 자신의 경험에 비추어서 논술을 해 보는 활동이다. 이야기의 내용과 인물에 자신의 경험과 생각을 이끌어 내므로 편안하게 자신의 문제에 접근할 수도 있다. 또한 자신의 편협한 관점을 넘어서서 다양한 삶의 스타일을 접하며 다각도로 생각의 관점을 넓힐 수 있다.

하인즈와 하인즈-베리(Hynes & Hynes-Berry, 1994)의 이야기 적용 과정을 살펴보면 다음과 같다.

(1) 인식 단계

인식은 이야기에 포함되어 있는 의미를 지각하는 것을 말한다. 인식 단계의 글쓰기는 이야기의 전반적인 내용 및 등장인물이 가지는 감정이나 느낌을 글로 써 보자.

• 형인 놀부가 도움을 주지 않았을 때 동생인 흥부는 어떤 마음이었을지 글로 표현해 보세요.

(2) 고찰 단계

인식 단계에서 느꼈던 감정에 대한 반응이 실제 나에게 어떤 의미를 가지는지 스스로의 내면을 살펴보는 것을 의미한다. 고찰 단계에서는 육하원칙(언제, 어디서, 누가, 무엇을, 어떻게, 왜)의 글쓰기를 해 보자.

• 형인 놀부는 어떤 문제가 있다고 생각하나요? 육하원칙에 맞게 글로 써 보세요.

• 동생인 흥부는 어떤 문제가 있다고 생각하나요? 육하원칙에 맞게 글로 써 보세요.

• 흥부와 놀부는 어떻게 하면 문제가 해결될 수 있을까요? 육하원칙에 맞게 글로 써 보세요.

(3) 병치 단계

인식을 고찰하면 그 주제에 대한 추가적인 인상(impression)이 생겨나는데, 그것은 독자가 가졌던 처음의 반응에 수정과 변화를 가져온다. 고찰은 참여자로 하여금 대상이나 경험에 대한 두 가지 인상을 나란히 놓고 비교하고 대조해 보게 하는 병치(juxtaposition)를 이끌어 낸다.

이 단계에서는 '만약에 ~이야기에서의 주인공이 나라면?'이라는 이슈를 가지고 주장, 이유, 근거의 순서로 글쓰기 활동을 해 보자.

• 만약에 내가 놀부라면 어떻게 하고 싶은지 주장, 이유, 근거 순서로 글쓰기를 해 보세요.

• 만약에 내가 흥부라면 어떻게 하고 싶은지 주장, 이유, 근거 순서로 글쓰기를 해 보세요.

(4) 적용 단계

이야기를 통해서 스스로 깨닫고 자신의 행동과 태도를 재인식하는 것을 살펴보는 것을 의미한다. 이 과정을 통해서 개인적인 문제를 수용하고 긍정하면서 스스로의 행동과 정서를 보다 논리적으로 생각해 보며 글쓰기를 해 보자.

• 이야기에서 일어난 사건, 상황은 나에게 어떤 의미가 있나요? 자유롭게 글로 표현해 보세요.

3. 딜레마

딜레마(dilemma)란 일반적으로 사용될 때는 진퇴양난에 빠졌다는 의미이다. 두 개의 판단 사이에 끼어 어느 쪽으로도 결정할 수 없는 상태에 빠져 있는 것을 말한다(철학사전). 논리학상에서는 3단 논법[1]을 말한다. 이는 딜레마를 통한 문제해결 기법으로서, 논리적 사고를 지향하며 독창적이면서 가치 있게 문제를 해결하는 기법이다.

소와 호랑이가 진심으로 서로를 너무나 아끼고 소중히 생각했습니다. 소는 호랑이가 올 때면 언제나 자신이 먹고 싶어도 참고 여물을 호랑이에게 주었습니다. 호랑이는 언제나 소를 만나러 가는 길에 고기를 가져다주었습니다. 둘은 너무나 행복했습니다. 서로를 위해 배고픔을 참고 자신의 먹이를 나누어 주고 있는 현실이 너무나 아름다웠고 상대에게 사랑받고 있음을 알았습니다. 그러나 둘은 조금씩 지쳐 가기 시작했습니다.

어느 날 소가 호랑이에게 말했습니다. "이제 고기를 가져오는 일 그만하세요. 그 고기를 당신이 먹고 힘을 내세요. 야위어 가는 모습이 너무나 안타까워요." 호랑이는 소에게 말했습니다. "나는 괜찮아요. 나보다 당신이 더 걱정이에요. 당신이야말로 여물을 남기지 말고 먹도록 해요. 내가 부족해서인지 점점 말라 가는 당신을 보는 내 속이 다 타네요."

그러나 소는 말했습니다. "어차피 나는 그 고기를 먹지 못해요. 그러니 당신이 드세요." 이 말을 들은 호랑이는 화가 났습니다. "아니, 그럼 내가 그렇게 힘들게 잡아서 가져다준 고기를 지금까지 먹지 않았단 말이에요? 어떻게 내 정성을 그렇게 무시할 수 있어요?" 이 말에 소도 화가 났습니다. "그러는 당신도 내가 주는 여물을 먹는 걸 한 번도 본 적이 없어요. 말을 안 해서 그렇지 얼마나 섭섭했는 줄 알아요?"

결국 둘의 사랑은 점점 멀어져만 갔답니다.

---

1) 아리스토텔레스가 그 이론적 기초를 이루었으며, 두 개의 전제와 한 개의 결론으로 형성된다. 예를 들면, "인간은 모두 죽는다."(대전제), "소크라테스는 인간이다."(소전제), "따라서 소크라테스는 죽는다."(결론)라고 하는 논법이다(두산백과).

✓ 소와 호랑이는 계속 사귀어야만 할까요?

나는 소와 호랑이가 계속 만나는 것을 (찬성한다, 반대한다)

주장:

이유:

근거:

4. 명화논술

명화논술이란 미를 체험하며 판단하는 활동이자 정서와 사고를 동시에 활용하는 종합적인 활동이다. 명화를 감상할 때는 작품 속으로 들어가기도 하고, 또 그림을 보는 사람의 마음속으로 되돌아오기도 하는 심미 작용이 일어난다. 또한 명화는 감정을 표출할 수 있도록 유도하는 매개체로서 억제되어 있던 부정적 감정을 표출하고 해소할 수 있도록 돕고, 감정 표현에 있어 해방감을 느끼게 함으로써 긍정적인 자아를 인식하게 도와준다. 명화를 통해 상상을 하면 보는 관점에 따라서 이야기가 달라진다. 즉, 명화논술이란 명화를 통한 감정이입으로 상상하며 이야기를 만들어 보는 논리적 사고 글쓰기 활동이다.

✓ 이 여자는 어떤 생각을 하고 있을까요? 그 이유를 상상해서 말해 보고 그 근거를 적어 보세요.

주장:

이유:

근거:

5. 독서논술

독서논술이란 책을 읽고 어떤 것에 관하여 의견을 논리적으로 서술하는 것을 의미한다.

현대 사회는 지식을 암기하는 것보다 올바른 정보와 지식을 흡수하고 그 지식과 정보에 기반해 문제를 해결하는 능력이 중시되는 사회로 급속하게 진화하고 있다. 또한 많은 지식을 가지고 있는 사람보다 창의적인 인재를 더 요구한다. 학교 교육에서도 이런 변화는 급격히 반영되고 있다. 대학입시에서도 논술 전형이 확대되고 있는 실정이다.

이런 변화에 가장 능동적으로 대응할 수 있도록 해 주는 교육이 논술 교육이다. 다음은 독서논술지도를 위한 방법이다.

1) 독서논술지도

① 책 또는 사회 현상에 대한 글 읽기(분석, 비판)

② 자신의 의견 제시(설명, 논증)

③ 주장 또는 상대방을 설득하는 글 또는 말

2) 서술의 방식

① 알려 주기: 사실을 알기 쉽게 풀이한다. (설명)

② 주장하기: 주장의 타당성을 증명하고 설득한다. (논증)

③ 그려 내기: 느낌과 인상을 잘 표현한다. (묘사)

④ 이야기하기: 사건이나 이야기를 늘어놓는다. (서사)

3) 기술의 방법

(1) 설명하기

① 정의: 사전적 의미

예) 병아리: 알에서 막 깨어났거나 다 자라지 않은 어린 닭

② 분석: 구성 성분 설명

예) 우리 유치원을 분석해 보자.

③ 지정: 구체적 대상 명시

예) 지금 독서논술 이론을 강의하고 있는 사람은 김경숙이다.

④ 비교와 대조: 공통점과 차이점

- 비교: 둘 이상의 사물을 견주어 서로 간의 유사점, 차이점을 설명함

  예) 동화구연지도사와 독서논술지도사의 공통점과 차이점

- 대조: 서로 반대되는 내용을 대조하여 강조함

  예) 잘되면 제 탓, 못 되면 조상 탓

⑤ 분류와 구분

- 분류: 종류에 따라 가름

  예) 여러 가지 섞여 있는 것을 같은 종류로 묶음

- 구분: 일정한 기준에 따라 전체를 몇 개로 갈라 나눔

  예) 큰 것과 작은 것으로 나눔

⑥ 예시: 인용, 경험, 일화, 보도자료 등을 활용하여 설명

(2) 논증하기

① 명제와 논거

- 사실명제: 진실 여부(참과 거짓)
  예) 모든 인간은 죽는다.
- 가치명제: 가치적 판단(좋고 나쁨)
  예) 착하게 사는 것은 좋다.
- 당위명제: 객관적 당위성(옳고 그름)
  예) 식후에는 이를 반드시 닦아야 한다.

② 논증하기: 논리적인 추론

- 연역적 추론: 3단 논법, 점점 작게(포괄적 → 구체적)
- 귀납적 추론: 점점 크게(구체적 → 포괄적)
- 유추적 추론: 유사성 찾아내기
- 변증법적 추론: 반대와 찬성에서 새로운 방법 도출
- 오류: 대전제의 거짓, 또는 낱말의 뜻 오류
  예) 모든 남자는 녹색 털을 가졌다.

4) 교사의 역할

(1) 확산적 사고

교사는 창의적 사고능력과 태도를 위하여 가장 손쉽게 지원할 수 있는 방법 중의 하나가 발문이다. 발문은 어떤 내용을 알고 있는 사람이 모르는 사람에게 질문을 하

여 그에 대한 대답을 다양한 측면에서 생각해 보도록 함으로써 스스로 정답이나 깨달음을 얻게 하는 질문 기법이다. 발문의 주요한 목적은 학생들의 능동적인 활동과 적극적인 사고를 유발하는 데 있다(교육심리학용어사전). 즉, 확산적 사고를 위해서는 발문이 아주 중요하다.

확산적인 발문을 위해서 전경원(2004)의 창의적 발문을 제시하였다. 창의적 발문은 예측, 계획, 발산, 문제해결의 네 가지로 구분되어 있다.

●표 10-1● **창의적 발문**

개방적 발문	창의	예측	원인 예측	원인을 생각해 보도록 하는 발문 • 이전에 어떤 일이 있었을까?
			결과 예측	결과를 예측해 보도록 하는 발문 • ~하면 어떻게 될까? • 다음에는 어떤 일이 일어날 것 같니?
		계획	단순 계획	단계가 복잡하지 않고 1차적으로 간단한 계획을 세워 보도록 하는 발문 • ○○을 계획한다면?
			복잡 계획	여러 단계를 거쳐 수행해 보도록 계획을 생각해 보는 발문 • ○○을 설계해 보겠니?
		발산	민감성	오감각을 발휘해 볼 수 있도록 돕는 발문
			상상력	가정하거나 가상해 보도록 돕는 발문
			유창성	다양한 아이디어를 떠올리도록 돕는 발문
			융통성	유연하고 서로 다른 범주로 아이디어를 발상해 보도록 돕는 발문
			정교성	자세하고 세밀하게 표현해 보도록 돕는 발문
			독창성	참신하고 색다르게 나타내 보도록 돕는 발문
		문제 해결	가상형	상상, 공상과 관련된 문제를 해결해 보는 발문 • 내가 만약 ○○이라면 어떻게 하면 좋을까?
			실제형	실제적으로 일어날 수 있는 상황을 해결해 보는 발문 • 또 다른 방법은 없을까? 어떤 방법이 있을까?

출처: 전경원(2004). 창의성을 중심으로 한 유아과학교육(개정증보판).

(2) 수렴적 사고

수렴적 사고의 근간은 논리적 사고이다. 수렴적 사고는 확산적 사고를 보완하기 위해 아이디어를 논리적으로 정리하는 과정이며, 발산적으로 생성된 많은 정보나 질문, 감정 등을 현재의 상황에 비추어 좀 더 잘 이해하도록 자료를 고르고 분류하고 조직화하는 사고이다. 즉, 수렴적 사고는 이미 생성되어 있는 아이디어나 정보를 여러 가지 기법을 통하여 분류하고 따져 보고 분석해 봄으로써 가장 효과적이고 바람직한 대안을 유도해 내는 것이 목적이다.

수렴적 사고를 위해서 문정화 등(2019)의 일반적인 규칙을 제시하였다.

① 긍정적 판단의 감각을 계발하라.
② 신중하게 결정하라.
③ 기준을 명확하게 정하라.
④ 대충 끝맺지 말라.
⑤ 결정하기 곤란한 문제는 먼저 처리하라.

제11장

유아교사와 글쓰기

어떤 글이 좋은 글인가? 보통 이야기할 때 문학성, 예술성과 함께 감동이 담긴 글이면 좋은 글이다. 그러나 글의 성격에 따라 이러한 면이 달라질 수 있다. 예를 들어, 생활문에 있어서는 말재주를 부리거나 자신의 감정을 표현하지 않고 흉내 낸 글은 살아 있는 글이 아니다. 바른 생각과 따뜻한 마음이 배어 있는 글이어야 한다. 또한 생각이나 느낌이 솔직하게 드러나고 내용이 진실해야 한다. 글쓰기에서 마지막으로 중요한 것은 쓴 글을 읽어 보고 글의 짜임새나 체계가 갖추어져 있는가를 보는 것이다. 이러한 조건들만 갖춘다면 좋은 글의 표본이 될 수 있다.

1. 논리와 창의성에 기초한 문서 작성

유아교육기관에 근무하다 보면 글쓰기를 해야 할 경우가 많다. 여기서는 유치원 안내문, 계획안, 생활기록부와 같은 유아교육기관에서 필요한 문서의 작성 및 글쓰기에 대해 자세히 알아보고자 한다. 특히 각 문서를 작성할 때 유의해야 할 사항들을 알아보고 유아교사들이 실제로 문서 작성 연습을 해 보는 것도 좋다. 논리적 ·

창의적 문서 작성 및 면담 수행에 실제적인 도움이 되도록 하기 위해 교사와 유아를 위한 글쓰기가 필요하다.

일반적인 글쓰기 원칙 중에서 유아교육기관의 교사가 알고 있어야 할 몇 가지를 소개하면 다음과 같다(박찬옥 외, 2013).

1) 쉽고 간명하게 쓴다

아무리 좋은 내용의 글이라고 하더라도 읽기 어렵거나 길면 좋은 글이라고 하기 어렵다. 어려운 단어를 쉬운 단어로 바꿔 주거나, 긴 문장을 간명하게 만들어 보도록 한다.

2) 글의 전체적인 구조를 먼저 생각하고 쓴다

건물을 지을 때 같은 원재료를 제공했다 하더라도 설계도에 따라서 저마다 다른 골격과 느낌을 가진 건물이 완성된다. 그리고 설계도가 없다면 건물이 만들어지지 않을 것이다.

글을 쓸 때에도 마찬가지이다. 하나의 생각이나 이야기를 전달하기 위해서 어떤 순서대로 글을 풀어 갈 것인지 글의 구조, 즉 글의 골격에 대해 미리 생각해 볼 필요가 있다. 실제 글을 쓸 때는 일반적으로 첫 줄을 쓰는 것을 가장 어려워하는데, 이는 전체 글에 대한 설계가 없는 경우에 더욱 그러하다.

예를 들어, '유치원 입학'에 대한 계획서를 작성하고자 한다면 '유치원 입학에 대한 정의 → 입학에 관련된 현황 → 유아교육과의 연계성 → 구체적인 실행 방법' 등으로 문장의 전체적인 틀을 잡고 요지를 옆에 메모한 다음, 관련된 문장을 모아서 작성한다면 도움이 될 것이다. 이때 한 문장 한 문장이 나름의 역할을 하고 있음을 염두에 두어야 한다. 그리고 문장과 문장 사이에 어떤 접속어(예: 그리고, 그러나, 때문에, 즉 등)를 사용하는 것이 적합할 것인지도 중요하다 할 수 있다. 이러한 능력을 기르기 위해서는 평소 다른 사람의 글을 읽으면서 문단에 따라서 그 내용을 요약해 보는 것이 도움이 된다.

3) 어미를 일관되게 사용한다

문장의 마지막을 맺는 말을 '어미'라고 하는데, '-입니다' '-습니다' '-이다' '~것이다' '-요' '-지요' 등 어미에 따라서 문장의 느낌은 매우 달라진다. 따라서 하나의 글에서 이러한 어미를 혼용하게 된다면 그 글은 일관성이 없고 정돈되지 않은 느낌을 주게 되므로 주의해야 한다. 그러기 위해서는 글을 쓰고 나서 꼭 읽어 보는 습관을 가져야 한다.

4) 어휘나 문장을 효율적으로 사용한다

아무리 좋은 이야기이더라도 너무 여러 번 반복적으로 듣게 된다면 좋은 느낌을 갖기 어렵고 산만한 느낌이 들게 마련이다. 이는 글에서도 마찬가지이므로, 같은 말을 의미 없이 반복하고 있지는 않은지 살펴보아야 한다. 또한 글의 의미를 살릴 수 있는 적절한 어휘를 선택했는지 검토해 본다.

5) 근거 없는 단정적인 표현은 하지 않는다

일반적으로 하나의 결과에는 하나의 원인만 있기보다는, 여러 가지 변인과 요소가 복합적으로 상호작용해서 하나의 결과를 만들게 된다. 특히 유아교육기관의 경우 다양한 배경을 가진 유아들이 다양하게 상호작용을 하면서 역동적으로 성장해 가는 공간이기 때문에, 하나의 현상에 대해 여러 가지 가능성이 존재할 수 있음을 교사 스스로가 먼저 인식할 필요가 있다. 또한 유아가 언어적 표현능력이 발달하는 중이고 교사의 평가나 언어적 상호작용은 생각보다 큰 영향을 미친다는 것을 고려할 때, 충분한 관찰과 자료 수집에 근거하지 않은 채로 단정적인 표현을 하는 것은 삼가야 한다.

6) 이미지를 활용하여 내용 전달력을 높인다

전달하고자 하는 의미는 물론 글을 통해서도 전달할 수 있지만, 사진이나 도식, 그래프 등의 적절한 이미지를 사용하면 더욱 효과적으로 전달할 수 있다. 문서를 빽빽하게 글만으로 채우기보다는 적절한 삽화나 도식, 사진들을 함께 제시할 때 독자의 명료한 이해를 도울 수 있고 읽고 싶은 마음을 가지게 할 수 있다. 예를 들어, 고구마밭을 다녀온 느낌에 대해서 길게 쓰기보다는 아이들이 땀을 흘리며 고구마를 캐고 있는 활동사진이나 수확한 고구마를 들고 있는 사진을 제공한다면, 고구마밭에서 아이들이 느꼈을 현장감을 생생하게 느끼는 데 도움이 된다.

7) 글쓰기는 먼저 글 읽기가 수행되어야 한다

안내문을 위한 글감이 없을 때는 계절이나 주제에 맞는 시를 인용하여 글을 쓰면 글쓰기가 한결 쉬워진다. 그러기 위해서는 평소에 다른 사람의 글을 많이 읽는 습관을 길러야 하며, 신문이나 칼럼 읽기를 생활화해야 한다.

다음은 유아교육 현장에서 활용되는 안내문 작성의 예시이다. 월에 맞는 사항에 따라 안내문 글쓰기를 해 보도록 한다.

<연간 안내문 글쓰기>

월	안내문	안내문 글쓰기
3	입학식	
4	봄소풍	
5	어린이날	
6	여름캠프	
7	여름방학	
8	생일축하	
9	운동회	
10	가을소풍, 운동회	
11	현장체험	
12	부모교육	
1	오리엔테이션	
2	졸업식	

<생활기록부 작성하기>

5개 영역에 따른 유아의 발달 상황을 작성해 본다.

누리과정 5개 영역	유아의 발달 상황
신체운동 · 건강	
의사소통	
사회관계	
예술경험	
자연탐구	
종합 발달평가	

2. 영유아를 위한 글쓰기 지도

영유아 교사에게는 아름다운 감성과 글쓰기가 필요하다. 사계절의 변화에 대해 유아들과 함께 호흡하고 바깥놀이 활동과 자연의 변화에 대한 탐색을 하며 상호작용하는 교사는 영유아에게도 풍성한 삶의 향기를 만나게 해 준다. 따라서 영유아의 감성을 키워 주는 교사의 글쓰기 지도가 필요하다(이오덕, 1998). 구체적인 방법으로 다음과 같은 것들을 해 볼 수 있다.

첫째, 뜻밖의 선물을 준비해 아이의 호주머니 속이나 책상 서랍, 책가방 등에 몰래 넣어 둔다.

둘째, 편지를 보낸다. 교실에 우체통을 만들어 놓고 편지를 써서 넣어 놓는다. 유아들은 편지함에서 편지를 발견하는 것을 큰 기쁨으로 안다. 아프고 나서 등원했는데 친구들이 편지를 써서 넣어 놓았다는 것을 알면 유아의 기쁨은 배가 될 것이다.

셋째, 동화의 주인공이 되게 한다. 유아를 주인공으로 한 모험담을 들려준다. 동화책 속 주인공의 이름만 바꾸어 주어도 좋아한다. 또한 시를 암송할 때에도 유아의 이름을 넣어서 암송해 주면 유아들의 입가에 미소가 번지는 것을 볼 수 있다.

넷째, 보물찾기 놀이를 한다. "교실 어딘가에 보물이 숨겨져 있단다."라고 함으로써 유아에게 교실 구석구석을 찾아보게 한다. 보물로는 메모와 함께 숨겨진 책이나 장난감을 발견하게 한다. 바깥놀이 시에는 보물지도를 만들어 찾아보게 하는 것도 좋은 방법이다.

다섯째, 축하광고를 실어 준다. 아이의 자랑거리를 가족신문이나 지역신문 광고란에 축하의 말과 함께 실어 주거나 집에 플래카드를 만들어 현관이나 거실에 걸어 둔다.

여섯째, 매년 얼굴 사진을 찍어서 액자에 담아 준다. 아이가 해마다 변하는 자기의 현재 모습과 과거 모습을 보고 추억에 잠기게 한다. 또한 가족사진도 같이 찍어

걸어 주면서 새해 소망을 빌어 보는 것도 좋다.

일곱째, 아이와 함께 동화를 녹음해 본다. 가족이 모여 동화책을 번갈아 읽으며 녹음을 해 둔다. 이럴 때는 내용이 많은 동화보다는 짧은 동화를 준비해서 녹음해 두는 것이 좋다.

여덟째, 유아와 서점에 가서 책 사기를 해 본다. 책을 산 다음 책 앞의 면지에 언제, 어디서, 누구와 함께 책을 샀는지를 간단히 적어 놓으면 아이들이 책 읽기에도 관심을 가지게 된다.

아홉째, 아이와 함께 타임캡슐을 만들어 본다. 기념될 만한 날에 아이와 함께 유리병 속에 그날의 소중한 이야기를 담은 편지를 넣어서 타임캡슐을 만들어 본다. 그리고 기억하기 좋은 장소에 타임캡슐을 묻어 둔다.

제12장 토론과 논리적 사고

1. 토론과 논리적 사고의 관계

토론(討論)이란 '말로 상대방을 치다'라는 뜻과 '상대방과 조리를 내세워 논의하다'라는 뜻이 합쳐진 것이다. 즉, 토론은 '어떤 문제에 대하여 여러 사람이 모여 조리를 내세워 논의하다'라는 의미로 널리 사용되고 있다(이정옥, 2009). 토론교육의 목표는 우리 사회에서 제기되고 있는 문제에 대해 합리적인 주장을 세워 다른 사람을 설득하고 나아가 상대방의 주장을 이성적으로 반박할 수 있는 토론능력을 계발하는 데 있다(이정옥, 2009).

사람들은 저마다 어떤 주제나 문제에 대한 생각이 다르다. 유아들은 자신과 다른 생각이나 입장에 대하여 종종 "아니야, 틀렸어." 하고 무시를 하거나, 말이 아닌 주먹이 앞서거나, 울거나, 평소 자신보다 우월하다고 인정해 온 친구의 말을 아무 비판 없이 따르는 모습을 보인다. 서로 생각이 다를 경우에는 토론을 통해 가장 좋은 방법을 찾을 수 있는데, 토론을 잘하려면 논리적 사고와 창의적 사고가 바탕이 되어야 한다. 논리적 사고는 창의력이 작동하여 많이 생성된 아이디어들 가운데 '가장 좋은' 것을 선택하기 위한 사고이기 때문이다(박찬옥 외, 2013).

토론(debate)은 갈등과 문제의 해결을 위해 논의한다는 점에서 토의(discussion)와 유사하다. 다른 한편, 토론은 상대방을 비판하고 자신의 주장이 옳다는 것을 내세우는 대립적 태도가 요구된다는 점에서 논쟁(contention)과 비슷하다. 그러나 토론은 다음과 같은 점에서 토의나 논쟁과 다른 특성을 지닌다(이정옥, 2009).

첫째, 하나의 논제를 둘러싸고 이루어진다.
둘째, 찬성과 반대의 대립을 이룬다.
셋째, 주장이 타당함을 입증하고 설득한다.
넷째, 일정한 규칙이 있다.

토론, 토의, 논쟁의 관계를 정리하면 〈표 12-1〉과 같다.

●표 12-1● 토론, 토의, 논쟁의 관계

토의	토론	논쟁
의견 교환을 통한 최선의 방안을 모색한다.	자기주장을 설득한다.	자기 주장만 내세우고, 상대방을 격렬하게 비판한다.
상호 협력적이다.	상호 대립적이다.	상호 대립적이다.
의견 교환의 과정이다.	주장/반박과 질의/응답의 과정으로 구성되어 있다.	주장과 반박의 과정으로 구성되어 있다.
대체적인 형식이 있다.	교육토론에서는 규칙이 엄격하지만, 자유토론에서는 덜 엄격하다.	규칙이 없다.

즉, 토론교육이란 찬성 측과 반대 측으로 나뉘어 게임 형식으로 논리를 펼쳐 가며 승패를 가르는 토론식 학습법을 말한다.

토론을 진행하는 초기 단계에서 유아들은 다소 미숙한 모습을 보이나, 점차적으로 '나와 너의 생각은 다르다'는 것을 인정하며 생각의 차이를 존중하고, 다양한 관점을 이해하고 상대방을 설득하기 위하여 자신의 주장에 맞는 근거를 댈 줄 알게 되며, 자신이 생각하지 못했던 다른 관점에서의 여러 생각을 접하는 등 토론의 진정한 장점을 체득하게 된다.

토론과 논리적 사고의 관계는 상호적이라 할 수 있다. 원활한 토론을 위해서는 논리적 · 창의적 사고가 뒷받침되어야 하지만, 토론을 통해 논리적 · 창의적 사고도 향상된다. 논리적 · 창의적 사고 발달 측면에서 볼 때, 토론을 통해서는 주의 깊게 비판적으로 경청하는 능력 제고, 무비판적인 수용 태도 개선, 자신과 타인의 의견에 심사숙고하는 태도 함양, 타인을 설득하는 능력 향상, 합리적인 의사결정 방법 터득 등의 효과를 기대할 수 있다.

일반적으로 토론은 '자유롭게 의견 교환하기 → 토론할 문제 선정하기 → 의견을 교환하면서 문제에 대한 중요성 인식하기 → 주어진 문제에 대한 해결 방안 모색하기 → 해결 방안 평가 후 최선의 해결안 선택하기'의 순서로 진행된다. 즉, 토론에 참여한 사람들은 각자의 의견과 주장을 표출하며 결론에 다다르게 되는데, 토론의 전체 과정 중에서 '왜?'에 대한 답을 찾아보는 단계, 즉 근거를 대는 일이 가장 중요하다. 이때 상대방의 생각이 상투적이라면 관심이 생기지 않는다. 주어진 문제에 대해 자기 나름의 독창적이고 참신한 생각과 내용의 전개가 필요하다. 상대방에게 근거를 대며 설명할 때, 문제해결 과정에서 가능한 대안을 제시할 때도 독창성이 요구된다. 논리에 바탕을 둔 창의력은 설득력을 높여 주기 때문이다(서울특별시교육청, 2007). 이와 같이 토론은 자칫 논리적 사고의 비중만 커야 한다고 생각할 수도 있으나, 창의적 사고도 뒷받침되어야 원만하게 진행될 수 있다(박찬옥 외, 2013).

2. 토론을 위한 교수 방법

교사는 계획된 단위 활동 또는 현장학습이나 과학 활동 등의 연계 활동으로 문제해결을 위한 토론을 진행할 수 있으며, 유치원의 일과 속에서 갑자기 벌어진 문제 상황이나 가정에서 유아들이 흔히 마주치는 어려움 등을 소재로 짧게라도 토론을 위한 시간을 마련하면 좋다(박찬옥 외, 2013).

교사는 토론 수업을 하기 전에 토론 방법(신호등 토론, 피라미드 토론 등)을 유아의 발달 수준에 맞추어 알려 주도록 한다. 또한 토론에 있어서 지켜야 할 규칙과 약속을 정하여 알려 주어야 한다. 기본적인 내용은 다음과 같다. 첫째, 다른 친구의 말에 경청하도록 한다. 둘째, 말할 때는 자기 순서를 기다려서 하도록 한다. 셋째, 유아들이 자기주장을 하는 방법에 있어서도 "저의 생각은 ○○입니다. 왜냐하면 ○○기 때문입니다."처럼 2단 논법이라든가, "저의 생각은 ○○입니다. 그 이유는 ○○기 때문입니다. 그러한 근거는 ○○입니다."처럼 3단 논법의 방식을 알려 주어야 한다.

무엇보다도 가장 중요한 것은 유아교사이나. 유아교사가 평상시 유아들과 함께 수업할 때 토론하고 이야기하는 습관을 가지고 임한다면 그것 또한 산교육이다. 그러나 교사가 교수하는 데 있어 지시하거나 통제하는 습관을 가지고 있다면 토론 수업이 불가능하다.

유아교사가 유아들을 지도하기 전에 스스로 토론의 기본 지식과 기술들을 가지고 활용을 하고 또한 그것들을 현장에서 실천한다면, 토론 수업은 가르친다기보다는 자연스러운 학습이 이루어질 것이다. 박찬옥 등(2013)은 다음과 같이 토론 예절의 습관화를 돕는 예를 소개하고 있다.

- 서로를 배려하는 토론 예절의 습관화를 돕는 예
  - (말하기 전 뜸을 들일 때) "○○는 생각할 시간이 조금 더 필요한가 봐. 우리가 조금만 더 기다려 줄까?"
  - "친구의 생각을 끝까지 듣고 네 생각을 말해 주겠니?"
  - "너는 그렇게 생각해? 그렇지만 ○○는 이렇게 생각한대. 생각이 다 다르구나!"
  - "친구가 말하고 있는데 계속 손을 들고 있으면 어떨까? 할 말 있다고 표시하

기 위해 손은 언제 드는 게 좋을까?"

–(친구들이 보는 앞에서 말하기를 부끄러워할 때) "앞에 나오니까 조금 쑥스럽니? 얘들아! ○○가 용기를 내라고 어떻게 도와줄까? 눈을 쳐다봐 줄까? 얘기를 들을 때 고개를 끄덕여 줄까?"

–(친구가 말하자마자 "뭐야! 말이 되냐!" 반응을 보일 때) "○○야, 만약 네가 말할 때마다 친구들이 '뭐야, 말이 되냐!' 그러면 말할 기분이 날까?"

3. 토론학습 방법에 따른 실제

논쟁, 토의, 토론, 구술 등이 말을 통한 논리적 표현이라고 한다면, 논술은 글을 통한 논리적 표현이다. 논술의 유형 중 많이 볼 수 있는 유형으로는 문제해결형, 찬반 토론형, 의미중심형 등이 있고, 토론학습 방법으로는 찬반 토론, 모의재판 토론, 배심 토론, 피라미드 토론, 역할놀이 토론, 온라인 토론, 브레인라이팅 토론 등이 있다(서울특별시교육청, 2007). 이들 중 유아보다 초등학교 고학년 학생에게 적용하기에 더욱 적합한 형태는 유아들의 수준에 맞추어 변형해서 사용해야 할 것이다.

이러한 여러 유형 중 유아 대상의 토론학습 방법으로는 찬반 토론, 역할놀이 토론, 배심 토론, 의미중심형 토론이 적절하다(박찬옥 외, 2013).

첫째, 찬반 토론은 딜레마 상황에 대해 찬성할지 반대할지 결정한 후 그 이유에 대하여 이야기함으로써 찬성과 반대 의견들을 융합하여 최선의 결론을 내릴 때 사용하는 토론 유형이다. 예를 들면, 교사가 〈토끼와 거북〉 동화를 들려주고 "잠자는 토끼를 깨우지 않은 거북이의 행동은 옳다."라는 논제를 유아들에게 알려 준 후, 신호등 자료를 만들어 빨강, 초록 신호등을 나누어 주고는 논제에 대해 찬성하는 유아는 초록색 신호등을, 반대하는 유아는 빨간색 신호등을 들게 한다. 그러한 후 찬성하는 이유나 반대하는 이유에 대해서 이야기를 하게 한다. 예를 들면, "저는 '잠자는 토끼를 깨우지 않은 거북이의 행동은 옳다.'에 찬성합니다. 왜냐하면 ○○기 때문입니다."와 같이 대답을 하게 한다.

둘째, 역할놀이 토론이다. 역할놀이는 문제해결, 비판적 사고 및 상호작용을 통한 경험을 가능하게 하며, 참여자와 관찰자가 실제적인 문제 상황에 참여하여 문제를 해결하고 이해하도록 해 준다(박찬옥 외, 2013). 역할놀이 토론은 입장을 바꾸어 보며 역할놀이를 하듯 엄마가 되어 보고, 아빠가 되어 보고, 친구가 되어 보고, 선생님이 되어 보면서 그 입장에서 놀이를 해 보는 것이다. 역할놀이를 해 본 후 "그 역할이 되어 보니 어떤 기분이 들었니?"라고 질문을 하여 타인의 마음을 공감해 보도록 한다.

셋째, 배심 토론은 패널 토론이라고도 불린다. 배심 토론은 주어진 문제에 대하여 각각의 입장이 다르거나 팽팽히 맞설 때 사용하는 방법이다. 양쪽 의견의 대표인 6~8명의 배심원과 청중 그리고 사회자로 구성된다. 유아들을 대상으로 하기 때문에 사회자는 교사가 맡아서 토론의 과제를 설명하고, 토론 내용을 요약하고, 배심원과 청중의 질문을 유도하며, 결론 도출을 돕는 역할을 한다. 유아들은 배심원과 청중을 맡아 자신의 입장을 설명하고 서로 다른 정보를 교환하는 역할을 한다.

배심 토론에서는 정해진 토론자 이외에 다른 사람들이 배심원으로 토론에 참여하게 된다. 그러므로 배심원 토론에서는 심판관의 역할을 하는 청중을 설득하는 것이 필요하다.

넷째, 의미중심형 토론은 주어진 동시나 동화를 감상하고 창의적이고 논리적으로 따져 보는 활동이다. 글 속에 있는 문제를 찾아내어 다른 입장을 비판적으로 생각하고 내 의견과 비교하면서 생각을 정리하여 표현하는 것이다. 예를 들어, 〈개미와 배짱이〉 동화를 들려주고 유아들에게 "개미는 친구에게 음식을 나누어 주어야 한다."라는 논제를 알려 준 후 이야기 나누기 과정에서 신호등 토론이나 두 마음 토론의 형식을 가지고 의미중심형 토론으로 이끌어 내는 교수법이다.

1) 유아나 교사가 토론기술을 익힐 수 있는 토론 형식

(1) 신호등 토론

① 신호등 토론의 목적과 특징

신호등 이미지를 이용해 참석자의 의견을 보여 주고 그 이유를 설명하게 하는 방법으로, 특정 주제를 깊이 있게 논의할 때와 여러 종류의 주제에 대해 간단하게 살펴볼 때 사용한다.

② 신호등 토론의 방법

- 모든 학생에게 빨강, 노랑, 초록의 신호등 표지판을 나누어 준다. 가능하면 원형으로 자리를 잡고 교사의 질문에 대해 빨강은 반대, 노랑은 중립, 초록은 찬성의 뜻으로 세 개의 표지판 중 하나를 들도록 한다.
- 신호등 색이 다르게 나왔을 때 학생들을 임의로 지적하여 그 이유를 설명하게 한다. 이때 이유가 미흡하면 다른 이유를 대거나 보완할 수 있는 학생을 추가로 지적하여 설명하게 한다.
- 학생들의 이유를 충분히 듣고 나서 다시 한번 똑같은 질문을 던져서 전과 달라진 점을 확인한다.

③ 신호등 토론의 유의점

교사는 가능하면 여러 학생을 골고루 지명하여 발표시키도록 노력한다.

④ 독서토론: 〈토끼와 거북〉

어느 날 토끼가 거북이를 놀려 댔습니다. 자기는 빨리 달릴 수 있는데 거북은 걸음이 느리다는 것이었지요. 그러자 거북이 놀랍게도 토끼에게 달리기 시합을 하자고 했어요. 토끼는 승리를 확신했기 때문에 고개를 끄덕였지요. 심판은 여우가 맡기로 했습니다. 드디어 달리기가 시작되었습니다. 예상했던 대로 거북은 금세 뒤처졌지요.

한참 달리던 토끼가 뒤를 돌아보았습니다. 거북은 아직도 저 멀리서 엉금엉금 기어 오고 있었어요. 토끼는 날도 더우니 잠시 쉬어 가야겠다고 마음먹었습니다. 바람이 시원하게 부는 나무 그늘에 누운 토끼는 스르르 잠이 들었습니다. 한숨 자는 동안 거북이 이곳을 지나가더라도 결승점에 이르기 전에 따라잡을 수 있다고 생각했기 때문이지요. 토끼가 잠을 자는 동안 거북은 부지런히 걸었습니다. 한눈을 팔지도 않고 초조해하지도 않으면서 끈질기게 결승점에 다다른 거북은 토끼가 오기를 기다리고 있었습니다.

(2) 두 마음 토론

① 두 마음 토론의 취지

몸은 하나이고 길은 여럿인 인간의 운명 때문에 우리는 종종 선택과 후회를 반복하며 살아간다. 우리가 마음의 흔들림을 스스로 느껴 보면서 양자가 일대일로 자신이 결정한 결과의 타당성을 돌아보는 토론이 바로 '두 마음 토론'이다.

두 마음 토론은 자신의 선택에 후회를 남기지 않기 위해 다른 사람을 설득해 보는 토론이면서, 두 가지 견해를 사이에 두고 공정하게 판결해 보는 훈련을 하는 토론이다.

② 두 마음 토론의 방법

- 토론자 구성 및 역할 선정: 3인 1조로 토론자를 구성한다.
- 3인의 역할 정하기: 3인 중 논제에 대한 찬성자와 반대자, 판결자를 선정한다.
- 자리 배치: 세 명 중 한 명이 중간에 앉고 나머지 두 명은 양편으로 앉는다. 가운데 앉은 사람은 판결자 역할을, 오른편의 사람은 찬성 역을, 왼편의 사람은 반대 역을 맡는 것으로 약속한다. 세 사람이 앉을 때에는 일직선보다는 둔각으로 약간 비스듬히 앉아, 양측의 토론자들도 서로를 볼 수 있게 하는 것이 좋다.
- 주제 설명: 토론의 주제 상황을 모두에게 설명한다. 구체적인 예를 들어 주면 참석자들이 쉽게 토론의 방법을 이해할 수 있다.
- 토론 규칙 설명: 찬성과 반대의 당사자는 직접 서로에게 말을 할 수 없다. 반드시 가운데 앉아 있는 판결자에게만 자기 주장과 근거를 말할 수 있다. 양측 토론자는 몸을 비스듬히 돌려 자신을 쳐다볼 때에만 이야기를 할 수 있으며, 서로 직접적인 토론은 할 수 없다. 판결자는 정해진 규칙에 따라 15초나 30초 정도의 시간만큼 그 사람의 이야기를 들어 주어야 한다.
- 발언 횟수: 양측이 2~3회 정도 주장과 반론을 펼 수 있도록 한다. 한 측의 주장은 30초 내외에서 마칠 수 있도록 해야 한다. 어느 한쪽 토론자가 이야기를 하는 동안은 판결자가 몸을 돌려 말하는 사람 쪽을 바라보도록 해야 한다.
- 판결 및 설명: 토론을 시작하고 난 뒤 정해진 시간이 지나면 토론을 멈춘다. 그리고 양측 토론자의 이야기를 들은 판결자가 좌나 우 어느 한쪽의 손을 들어 승자를 정해 주면 토론이 끝난다. 승패가 정해지고 나면 사회자는 판결자 역할을 했던 사람에게 판결의 이유를 듣는다.

③ 두 마음 토론 주제

예시: 친구가 도둑질하는 것을 보았을 때 교사에게 말해야 하나, 말하지 말아야 하나?

(3) 피라미드 토론

① 피라미드 토론이란

- 피라미드 토론은 엄밀하게 말하면 역피라미드 토론이라고 할 수 있다. 먼저 1대1로 상대방과 토론 및 토의 과정을 거쳐 합의를 본 후, 다시 2대2로 확장시켜서 네 명이 함께 토론을 거쳐 합의를 이루어 나가는 방법이다.
- 이와 같은 과정을 거쳐 자신의 주장을 명확하게 하고, 자신의 생각을 상대방에게 이해 · 설득시키는 훈련을 하게 하며, 토론 내용을 준비하는 과제도 수행할 수 있게 하는 토론 방법이다.

② 준비물

- 색종이 카드와 매직펜, 전지 종이
- 최종 토론을 진행하기 위한 핀보드 2개와 핀 또는 자석

③ 피라미드 토론 진행 방법

- 먼저, 예를 들어 “21세기 리더가 갖추어야 할 자질에는 무엇이 있겠는가?”라는

질문에 대해 개인적으로 각자 세 가지 자질을 카드에 적게 한다. 또 다른 예로는 '조직의 행동 원칙이나 명제' 등을 확정하는 데 이용할 수도 있다.

피라미드 토론 구조

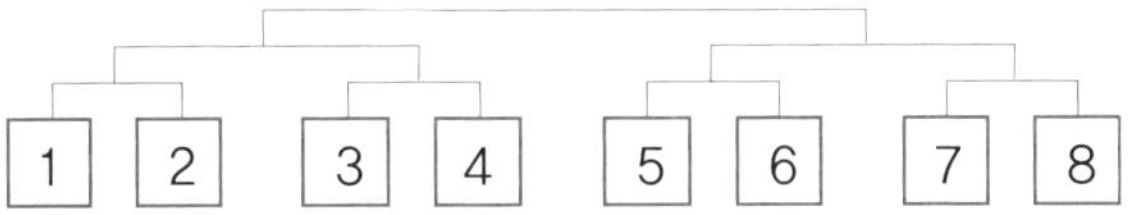

출처: 강치원(2013). 토론의 힘. p. 219.

- 각자 기록한 세 장의 리더의 자질을 가지고, 옆에 앉은 사람과 1대1로 짝을 이루게 되면 카드는 여섯 장이 될 것이다. 이 여섯 장의 카드 중에는 같은 내용도 있을 것이고, 같은 내용이라도 표현을 달리한 것도 있을 것이다. 따라서 상대방과 토론 및 토의를 통해 이들 여섯 장의 카드를 세 장으로 줄이는 작업을 시행하게 할 수 있다. 이러한 과정을 통해 자기의 생각을 상대방에게 표현하고 합의 및 관철을 위한 설득과 대화를 경험하게 되는 것이다.

피라미드 토론 순서

- ① 수업 내용 중 중요한 단어 세 개 작성
- ② 단어마다 왜냐하면, 예컨대, 이유와 근거, 사례와 증거 작성
- ③ 2명(1+1)씩 짝을 지어 여섯 개 단어를 세 개로 줄이는 토론
- ④ 4명(2+2)이 여섯 개 단어를 세 개로 줄이는 토론
- ⑤ 8명(4+4)이 여섯 개 단어를 세 개로 줄이는 토론

출처: 강치원(2013). 토론의 힘. p. 222.

• 이런 과정을 거쳐 2+2, 4+4, 8+8명과 같이 확장시켜 가며 압축하는 카드의 개수를 토론 주제에 따라 적절하게 조정해 준다. 그러고 나서 최종적으로 전체 참가자가 두 개 팀으로 나누어질 때까지 토론을 계속한 후, 최종적으로 정리한 두 개 팀의 합의 내용을 놓고 전체가 모인 자리에서 최종적으로 합의를 거쳐 내용을 확정하는 토론 방식이다.

피라미드 토론 방식

1	+	1	1대1 토론
2	+	2	2대2 토론
4	+	4	4대4 토론
8	+	8	8대8 토론

출처: 강치원(2013). 토론의 힘. p. 216.

④ 논증 연습

논제: 우리나라 유치원에서 개별화 교육이 이루어지지 못하는 이유는?

1.

2.

3.

4.

5

6.

2) 토론학습에 임하는 자세

- 서로 존중하고 배려하는 자세를 가져야 한다.
- 경청하는 자세를 가져야 한다.
- 쿠션 언어의 사용도 필요하다("찬성 측 의견을 잘 들었습니다. 하지만 제 생각에는…….").

3) 토론학습의 교육적 효과

- 논리적인 사고를 기른다.
- 합리적인 사고를 기른다.
- 비판적인 사고를 기른다.
- 경청하는 능력을 기른다.
- 말하는 능력을 기른다.
- 창의적 사고능력을 기른다.

4) 토론학습을 위한 기본 훈련

- 토론에 임하는 태도

발표하는 자세	• 왼손을 들고 오른손은 메모 준비를 한다. • 의자에서 일어나 옆으로 나와, 사람이 많은 쪽을 바라보고 선다. • 손을 바지 옆선에 붙인다. 발표가 끝나면 의자를 당겨 조용히 앉는다.
말하는 태도	• 말할 내용을 간단히 메모하고, 말하기 전 자신의 생각을 미리 정한다. • 모두가 들을 수 있게 큰 소리로 또박또박 말한다. • 의견을 먼저 말하고, 이유나 근거를 덧붙인다. • 말끝을 똑똑하고 분명히 하고 끝낸다.

듣는 태도	• 몸을 돌려 말하는 사람을 바라보며 듣는다. • 나의 생각과 비교하며 주의 깊게 듣는다(중요한 단어 메모). • 다른 사람의 의견을 듣고 의문이 있으면 질문하고, 말하는 도중에 끼어들지 않는다. • 다른 사람의 의견을 존중하고 실수가 있더라도 웃지 않는다.

• 나도 자신 있게 말할 수 있어요.

상황에 따라 말하는 요령	의견 발표	• 첫째는 ~이고, 둘째는 ~입니다. • ~라고 생각합니다. 그 이유는 ~이기 때문입니다.
	찬성 표시	• 저도 ○○의 생각에 찬성합니다. • 저도 그렇게 생각합니다. 그 이유는 ~이기 때문입니다.
	반대 의견	• 저는 ○○의 의견과 다릅니다. 저는 ~이기 때문입니다. • 방금 ○○의 의견은 조금 잘못된 것 같습니다. 왜냐하면 ~이기 때문입니다.
	다른 의견	• ○○과 비슷하지만 ~이 어떨까요? • 저는 좀 다르게 생각합니다. 왜냐하면 ~이기 때문입니다.
	보충 수정	• 그 외에도 ~이 더 있습니다. 그것을 더 설명하면 ~입니다. • ○○의 말에 ~을 더 넣으면 좋겠습니다.
	질문 하기	• 그렇다면 그 이유를 말해 주십시오. • ~에 대해 의문점이 있는데 왜 그런지 까닭을 말해 주십시오.

• 6단 논법으로 말하기

✓ 논증 연습: 나는 우리 가족이 자랑스럽습니다.

주장:

이유:

근거:

✓ 논증 연습: 가족이 여행하기에 가장 좋은 계절은 ( )이다.

주장:

이유:

근거:

제 4 부

논리와 창의성 발달을 위한 교육활동의 실제

제13장 그림책을 활용한 교육활동 계획

1. 통합교수 계획

여름이 되어 『달샤베트』라는 그림책을 통한 통합적 주제 중심 접근 활동을 실시한다. 주제는 여름으로 선정하고, 『달샤베트』 동화를 중심으로 관련 활동을 작성하며, 교육목표를 달성할 수 있도록 지식, 기능, 태도를 포함하여 유아가 우리 사회에 가치로운 것을 배울 수 있는 범위를 정하고 계획안을 작성한다.

먼저, 『달샤베트』 그림책을 읽어 준 후 동화의 내용을 회상할 수 있도록 그림만 한 장씩 보여 준다. 『달샤베트』와 관련된 요소들을 보다 구체적으로 심화 · 확장하기 위해 활동들은 대 · 소집단, 개별 활동으로 진행하며, 언어, 신체, 게임, 미술, 수학, 과학, 미술 등의 다양한 자유선택활동, 대 · 소집단 활동을 전개한다.

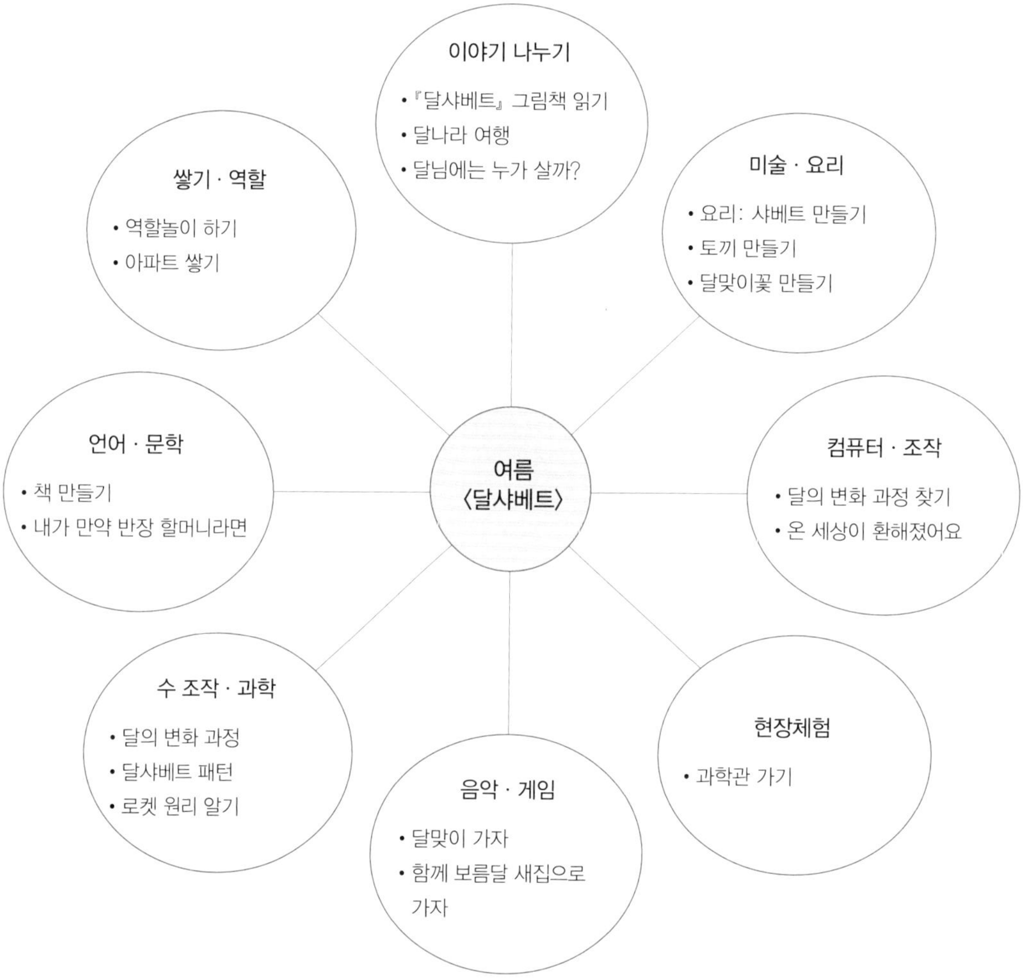
여름
〈달샤베트〉
이야기 나누기
• 『달샤베트』 그림책 읽기
• 달나라 여행
• 달님에는 누가 살까?
미술 · 요리
• 요리: 샤베트 만들기
• 토끼 만들기
• 달맞이꽃 만들기
컴퓨터 · 조작
• 달의 변화 과정 찾기
• 온 세상이 환해졌어요
현장체험
• 과학관 가기
음악 · 게임
• 달맞이 가자
• 함께 보름달 새집으로 가자
수 조작 · 과학
• 달의 변화 과정
• 달샤베트 패턴
• 로켓 원리 알기
언어 · 문학
• 책 만들기
• 내가 만약 반장 할머니라면
쌓기 · 역할
• 역할놀이 하기
• 아파트 쌓기

통합교수 계획안

2. 활동의 실제

활동 1 과일 샤베트를 나누어요

놀이 주제
여름
목표
• 요리 순서에 따라 즐겁게 요리 활동을 한다. • 물이 얼음으로 변화되는 것에 관심을 가진다. • 과일 샤베트를 나누어 먹는 경험을 통해 '나눔'의 기쁨을 느낀다.
누리과정 관련 요소
• 사회관계: 더불어 생활하기–친구와 서로 도우며 사이좋게 지낸다. • 자연탐구: 탐구과정 즐기기–궁금한 것을 탐구하는 과정에 즐겁게 참여한다. 생활 속에서 탐구하기–물체의 특성과 변화를 여러 가지 방법으로 탐색한다.

가. 활동 자료

'과일 샤베트' 요리 활동 PPT 자료, 재료(수박, 방울토마토, 파인애플, 후르츠 칵테일, 오렌지 주스), 도마, 플라스틱 칼, 아이스크림 틀, 앞치마, 머리 수건, 온도계, 『달샤베트』(백희나, 2010, 스토리보울) 동화책

나. 활동 방법

활동 방법	논리 · 창의 관련 요소
1) 사전 활동 그림책을 유아들과 함께 읽어 본다.	
2) 본 활동 ① 〈달샤베트〉 동화를 듣고 그 내용을 회상한다.	• 문제 파악하기

• 온 세상은 왜 갑자기 깜깜해졌니? • 반장 할머니는 달물을 가지고 무엇을 만들었지? • 여러 이웃과 달샤베트를 나누어 먹게 되자 모두 어떤 일이 일어났니? • 달샤베트를 함께 나눠 먹은 이웃들의 기분은 어땠을까?	
② 내가 만든 음식을 다른 사람과 나누어 먹었던 경험을 이야기 나눈다. • 너희들이 만든 음식을 다른 사람에게 나누어 주었던 경험이 있니? • 그때의 기분은 어땠니?	• 자신의 경험을 회상하여 말하기
③ 과일 샤베트를 만들어 나누어 줌으로써 친구에게 고마운 마음을 전할 수 있음을 소개한다. • 반장 할머니가 달샤베트를 이웃과 나누어 먹은 것처럼 우리도 친구들과 과일 샤베트를 나누어 먹는다면 어떨까?	• 주어진 정보를 기초로 상상하기
④ 유아들과 과일 샤베트를 어떻게 만들지 의논하여 함께 음식재료를 준비한다. • 과일 샤베트를 만들려면 어떤 재료들이 필요할까? • 과일 샤베트를 어떤 방법으로 만들어 볼까?	• 가능한 한 많은 양의 아이디어 산출하기
⑤ 요리 활동표를 보며 과일 샤베트 만드는 방법을 알아본다. ⑥ 고마운 친구와 나누어 먹을 과일 샤베트를 함께 만든다. • 어떤 과일들이 보이니? • 준비된 과일들은 어떻게 해야 할까? • 아이스크림 막대에 과일의 모양대로 꽂아 볼까? ⑦ 냉동고에 넣기 전 과일의 상태를 살펴보고 어떻게 될 것인지 예측한다. ⑧ 아이스크림 틀에 오렌지 주스를 부은 후 과일을 꽂은 막대를 꽂아 냉동고에 넣고 얼린다. ⑨ 그동안 도움을 주면서 나눔을 실천하였던 친구들과 함께 만든 과일 샤베트를 나누어 먹는다.	• 논리를 근거로 추론하기
⑩ 친구와 나누어 먹으며 마음을 나누기 위해 과일 샤베트를 만든 이의 마음과 과일 샤베트로 더위를 식힐 수 있도록 대접을 받는 이의 마음을 이야기 나눈다.	• 생각을 정리하여 자기 의견 이야기하기

활동 장면

과일 샤베트 만들기

친구와 함께 나누어 먹기

다. 활동의 유의점 및 참고 사항

1) 요리 활동을 하기에 앞서 '나눔'을 실천하는 유아를 교사가 칭찬해 주거나 유아들이 칭찬해 주는 시간을 가진다.
2) 유아들이 토의 과정을 통해 다양한 모양을 알고 자유롭게 과일을 꽂아 만들 수 있도록 요리 활동을 진행한다. 이때 교사는 유아들의 발달 수준에 적합한 요리 활동을 위해 토의 과정에 적절히 개입하는 것이 좋다.
3) 얼음을 접시에 두고 변화하는 모습을 관찰해 본다.
4) 요리 활동을 하기 전 물을 얼려 변화된 모습을 관찰해 본다.

라. 활동 평가

1) 요리 순서에 따라 즐겁게 요리 활동에 참여하는가?
2) 과일 샤베트를 나누어 먹는 경험을 통해 '나눔'의 기쁨을 느끼는가?
3) 고마운 친구를 위해 과일 샤베트를 만들어 먹으며 나눔의 의의에 대해 생각하였는가?

마. 확장 활동

1) 역할놀이 영역에서 과일 샤베트 가게 놀이를 한다.
2) 더위를 식힐 수 있도록 도움을 주셨던 고마운 분들을 초대하여 과일 샤베트를 나누어 드릴 수 있다.

활동 2 함께 보름달 새집으로 가자

놀이 주제
여름
목표
• 협력의 필요성을 알고 친구들과 서로 협력하려는 마음을 갖는다. • 게임의 규칙을 지켜 즐겁게 참여한다. • 친구와 서로 돕고 마음을 나누며 기쁨을 느낀다.
누리과정 관련 요소
• 사회관계: 더불어 생활하기–친구와 서로 도우며 사이좋게 지낸다. • 자연탐구: 탐구과정 즐기기–궁금한 것을 탐구하는 과정에 즐겁게 참여한다. • 신체운동 · 건강: 신체활동 즐기기–기초적인 이동운동, 제자리운동, 도구를 이용한 운동을 한다.

가. 활동 자료

달 모양 그림카드, 종이 벽돌 블록, 바구니 2개, 옥토끼 그림 2개, 강력자석, 자석, 낚싯줄, 신호악기, 점수판, 징검다리를 찍은 사진이나 그림 자료, 『달샤베트』(백희나, 2010, 스토리보울) 동화책

나. 활동 방법

활동 방법	논리 · 창의 관련 요소
1) 사전 활동 그림책을 유아들과 함께 읽어 본다. 2) 본 활동 ① 〈달샤베트〉 동화를 듣고 그 내용을 회상한다. • 반장 할머니 집에 옥토끼는 왜 왔을까? • 밤하늘의 보름달은 어떻게 다시 생기게 된 걸까? • 옥토끼는 새집으로 어떻게 돌아가게 되었을까?	 • 주어진 정보를 기초로 상상하기

② '징검다리' 사진이나 그림 자료를 보며 유아들의 경험에 대해 이야기 나눈다. • 혹시 이런 것을 본 적이 있니? • 어디에 가면 볼 수 있니? • 이렇게 만들어진 것을 무엇이라 부르니? • 징검다리를 건너 본 경험이 있니? ③ 함께 게임을 할 수 있도록 모여 앉는다. ④ '함께 보름달 새집으로 가자' 게임에 대해 이야기 나눈다. • 옥토끼가 보름달로 간 길을 만들어서 옥토끼를 새집인 보름달로 갈 수 있게 도와주자.	• 유사한 상황에서의 경험을 비교하기
⑤ 게임 자료를 소개한다. • 무엇이 보이니? • 달 모양 그림카드를 이용해 어떤 게임을 하면 좋을까? • 동화책 속의 옥토끼 두 마리는 어떻게 집으로 돌아갈 수 있을까? ⑥ '함께 보름달 새집으로 가자' 게임 방법에 대해 이야기 나눈다.	• 아이디어를 정교하게 다듬어 발전시키기

〈게임 방법〉

① 두 팀으로 나누고, 각 팀 두 명씩의 유아가 게임을 한다.
② 신호와 함께 출발한다.
③ 두 명씩 짝이 되어 한 명은 달 징검다리를 놓고 다른 한 명은 달 징검다리 위를 건넌다.
④ 두 명의 유아는 함께 옥토끼 두 마리를 새집인 보름달로 보낸다.
⑤ 한 명의 유아는 돌아왔던 달 징검다리를 건너고, 다른 한 명은 달 징검다리를 바구니에 담으며 출발선으로 돌아온다.
⑥ 모든 유아가 게임을 한 후, 팀 전체 점수에 따라 이긴 팀과 진 팀을 알아본다.
⑦ 유아들이 익숙해지면, 직접 규칙과 방법을 변형하여 게임해 본다.

⑦ 유아들과 '함께 보름달 새집으로 가자' 게임을 해 본다. ⑧ '함께 보름달 새집으로 가자' 게임에 대해 평가한다. • 보름달 새집으로 가기 위해서 우리는 어떻게 했지? • 또 다른 방법으로 보름달 새집에 갈 수 있는 방법이 있을까? • 게임할 때 어떤 점이 재미있었니?	• 다양한 해결 방법을 비교하기

활동 장면

유아들이 함께 달 징검다리를 놓으며 건너는 모습

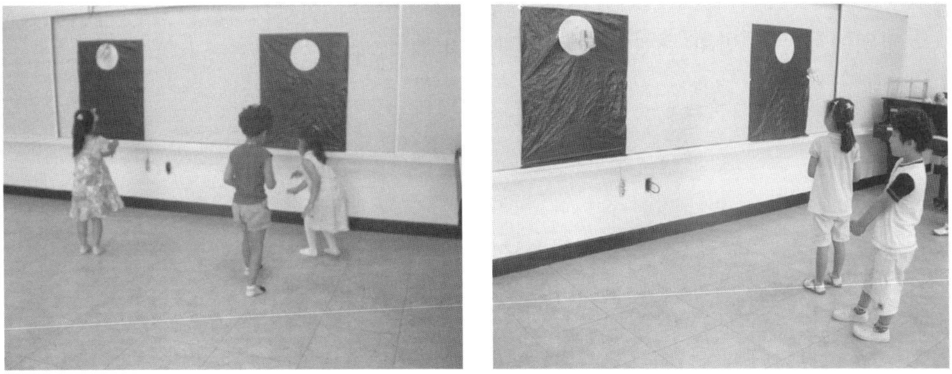

함께 옥토끼를 새집인 보름달로 올려 보내는 모습

다. 활동의 유의점 및 참고 사항

1) 게임에서 징검다리를 놓을 달의 모습은 유아들이 그린 그림을 활용한다.
2) 처음에는 교사가 제시한 방법으로 게임을 진행하고, 그 이후에는 유아들이 직접 게임 규칙을 정하여 게임을 해 볼 수 있도록 한다.

라. 활동 평가

1) 협력의 필요성을 알고 친구들과 서로 협력하려는 마음을 갖는가?
2) 게임에 즐겁게 참여하고 규칙을 잘 지켰는지 관찰하여 평가한다.
   ① 게임에 즐겁게 참여하였는가?
   ② 규칙을 잘 지키는가?
3) 친구를 서로 돕고 기쁨을 느끼는지 평가한다.
   ① 친구가 잘 건널 수 있도록 돕는가?
   ② 친구가 잘 건널 때 기쁨을 느끼는가?

마. 확장 활동

1) 역할놀이 영역에서 보름달 새집으로 친구를 초대하기 위해 미술 영역에서 초대장을 만들어 본다.
2) 과학 영역에서 달의 변화 과정을 함께 관찰하여 본다.

활동 3 온 세상이 환해졌어요

놀이 주제
여름
목표
• 가정에서 전기를 아껴 쓰는 방법을 안다. • 전기의 이용에 관심을 갖고 전기를 아껴 쓰는 생활 습관을 기른다. • 전기의 소중함을 느낀다.
누리과정 관련 요소
• 자연탐구: 자연과 더불어 살기–생명과 자연환경을 소중히 여긴다. • 사회관계: 더불어 생활하기–친구와 서로 도우며 사이좋게 지낸다.

가. 활동 자료

게임판(온 세상이 환해졌어요) 4장, 기본판 2개, 주사위, 카드 48장, 부채 2개, PPT 자료, 『달샤베트』(백희나, 2010, 스토리보울) 동화책

나. 활동 방법

활동 방법	논리 · 창의 관련 요소
1) 사전 활동 그림책을 유아들과 함께 읽어 본다.	
2) 본 활동 ① 〈달샤베트〉 동화를 듣고 그 내용을 회상한다. • 동화 속 사람들은 모두들 창문을 꼭꼭 닫고 무엇을 하고 있었니? • 그러자 어떤 일이 일어났지? • 왜 온 세상이 깜깜해졌을까?	• 주어진 정보를 기초로 상상하기
② 가정에서 전기를 어떻게 사용해야 할지 그 방법에 대해 알아본다. • 아침과 오후에 해가 쨍쨍할 때, 집에서 불을 켜 놓은 적이 있니?	• 다양한 시각으로 상황과 문제 조망하기

• 밝은 때는 어떻게 하는 것이 좋을까? • 방 안 아무도 없는 곳에 불이 켜져 있는 것을 본 적이 있니? 어떻게 하면 좋을까? • 집 안이 더울 때에는 어떻게 할까?	• 만약의 상황을 추론하도록 하기
③ 전기를 절약하는 방법에 대해 알아본다. • 전기가 들어오지 않을 때 우리 모두 어떤 불편함이 있을까? • 너희는 냉장고 문을 어떻게 하니? 냉장고 문을 자주 여닫으면 어떻게 될까? • 방 안에 아무도 없을 때 불이 켜져 있다면 어떻게 해야 할까? • 전기를 아껴 쓰려면 어떻게 해야 할까? ④ 게임을 한다.	• 문제해결을 위한 다양한 아이디어 모으기

〈게임 방법〉

① 게임판과 주사위 카드를 준비하고 게임판에 대해 이야기 나눈다.
② 주사위의 그림을 보고 더위를 이겨 내는 방법 중 전기 사용을 줄일 수 있는 방법에 대해 이야기 나눈다.
③ 두 명 또는 네 명의 유아가 가위바위보를 해서 먼저 주사위를 던질 유아를 정한다.
④ 주사위를 던져 나온 수만큼 카드를 게임판에 붙인다.
⑤ 기본판을 보며 내가 붙이고 싶은 카드를 게임판에 따라 붙인다.
⑥ 먼저 게임판에 카드가 다 붙는 유아가 이기는 게임이다.
⑦ 게임에서 진 유아는 이긴 유아에게 시원하게 부채질을 해 준다.
⑧ 유아들이 익숙해지면, 직접 규칙과 방법을 변형하여 실시해 본다.

⑤ 게임을 통해 느낀 점을 이야기 나눈다. • 여름날, 전기가 없다면 어떤 일이 일어날까? • 함께 전기를 아껴 쓴다면 어떤 일이 일어날까?	• 다양한 관점에서 자기 주장하기
⑥ 전기의 소중함에 대해 이야기 나눈다.	• 분명하고 설득력 있게 표현하기

'온 세상이 환해졌어요' 게임판

게임 활동을 하고 있는 모습

다. 활동의 유의점 및 참고 사항

1) 사전 활동으로 더운 상황에서 전기를 사용하지 않는 경험을 한 후 유아들의 불편함을 이야기 나누는 활동을 진행한다(불편함을 함께 느끼는 나눔의 의미를 함께 이야기하기).

2) 게임 활동 전 유아가 함께 전기를 아껴 쓰는 활동을 실천한다.

라. 활동 평가

1) 가정에서 전기를 아껴 쓰는 방법을 아는가?

2) 전기의 이용에 관심을 갖고 전기를 아껴 쓰는 생활 습관을 평가한다.

① 전기의 이용에 관심을 가지는가?

② 전기를 아껴 쓰는 생활 습관을 기르는가?

3) 전기의 소중함을 느끼는가?

마. 확장 활동

1) 가정과의 연계를 통해 전기를 아껴 쓰는 방법에 대해 활동할 수 있도록 한다(가족들 간에 서로 협력하여 전기를 아껴 쓰는 행동 실천).

2) 미술 영역에서 부채를 만들어 표현하고 서로 시원하게 부채질을 하고 휴식을 취할 수 있도록 한다.

활동 4 달처럼 환한 달맞이꽃

놀이 주제
여름
목표
• 각자의 결과물을 모아 하나의 작품을 만드는 과정을 경험한다. • 다른 친구들이 만든 작품을 감상해 본다. • 협력할 때 더 풍성한 달맞이꽃을 만들 수 있음을 안다.
누리과정 관련 요소
• 예술경험: 창의적으로 표현하기–다양한 미술재료와 도구로 자신의 생각과 느낌을 표현한다. 예술 감상하기–다양한 예술을 감상하며 상상하기를 즐긴다. • 사회관계: 더불어 생활하기–친구와 서로 도우며 사이좋게 지낸다.

가. 활동 자료

주름지, 노란 종이끈, 종이컵, 한지, 꽃 철사, 꽃 테이프, 양면테이프, 유성 사인펜, 도화지, 가위, 풀, 빵끈, 모루, 크레파스, 스티로폼, 목공용 풀, 핑킹가위, 유아 개인 사진, 달맞이꽃 사진 자료, 『달샤베트』(백희나, 2010, 스토리보울) 동화책

나. 활동 방법

활동 방법	논리 · 창의 관련 요소
1) 사전 활동 그림책을 유아들과 함께 읽어 본다.	
2) 본 활동 ① 〈달샤베트〉 동화를 듣고 그 내용을 회상한다. • 두 마리의 옥토끼는 왜 반장 할머니 집으로 찾아왔을까? • 옥토끼가 살 보름달은 어떻게 생겨났니?	• 주어진 정보를 기초로 상상하기

② 동화책에 나온 달맞이꽃과 실제 사진을 보며 이야기 나눈다. • 달맞이꽃을 본 적이 있니? • 달맞이꽃은 어떤 모습이니? • 달맞이꽃을 보니 어떤 느낌이 드니?	
③ 모둠별로 달맞이꽃을 만들 것임을 알려 주고, 어떻게 하면 모두 조금씩 힘을 합쳐 달맞이꽃을 만들 수 있을지 이야기 나눈다. • 동화 속 달맞이꽃이 피어나면서 어떤 일이 생겼니? • 옥토끼가 빨리 새집으로 갈 수 있는 방법은 무엇이 있을까? • 모두 힘을 합쳐 달맞이꽃을 만들어 보는 방법은 무엇이 있을까? • 모둠별로 여러 재료를 가지고 각자의 달맞이꽃을 한 송이씩 만들어서 화분에 꽂으면 모둠별 달맞이꽃을 완성할 수 있겠다.	• 문제를 다양한 관점에서 조망하기
④ 달맞이꽃을 만들 다양한 재료를 살펴본다. • 어떤 재료가 있니? • 무엇을 할 때 사용하면 좋을까?	• 주어진 정보를 기초로 상상하기
⑤ 다양한 재료를 이용하여 달맞이꽃을 어떻게 만들지 이야기 나눈다. • 이 재료들을 가지고 어떻게 만들면 좋을까?	• 적용하고 평가하기
⑥ 모둠별로 앉은 뒤, 함께 의논한 방법대로 달맞이꽃을 만든다. ⑦ 모둠별로 만든 달맞이꽃을 화분에 꽂아 다른 유아들에게 소개한다.	• 결정된 입장 시각화하기
⑧ 유아들의 생각대로 함께 만든 모둠별 달맞이꽃을 전체 게시판에 전시하고, 나의 작품과 모둠별 작품, 협동 작품을 만들었을 때를 비교해 보고 느낌을 말해 본다. • 달맞이꽃 한 송이를 혼자 만들었을 때의 느낌이 어땠니? • 한 송이의 달맞이꽃을 모둠별로 만들고 게시했을 때의 느낌은 어떠니?	• 분명하고 설득력 있게 표현하기

활동 장면

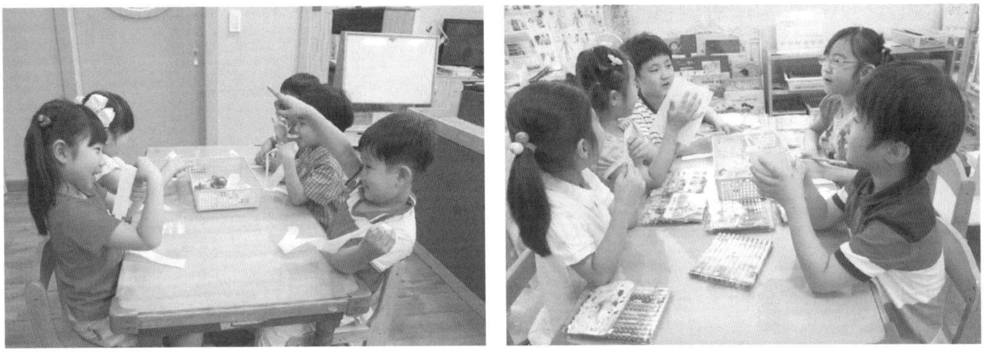

모둠별로 달맞이꽃을 어떻게 만들지 토의하기

모둠별 달맞이꽃 만들기

다. 활동의 유의점 및 참고 사항

1) 꽃 철사를 이용하여 만들 때에는 안전하게 사용할 수 있도록 지도한다.
2) 개별 작품을 공동으로 전시하고, 감상해 봄으로써 여러 사람의 작품이 함께 어우러져 멋진 작품이 됨을 경험할 수 있도록 지도한다.

라. 활동 평가

1) 각자의 결과물을 모아 하나의 작품을 만드는 과정을 경험하는가?
2) 다른 친구들이 만든 작품을 감상하는가?
3) 협력할 때 더 풍성한 달맞이꽃을 만들 수 있음을 아는가?

마. 확장 활동

1) 완성된 협동 작품을 배경으로 동화 속 등장인물을 그려 막대인형을 만든다. 막대인형극 놀이를 한다.
2) 과학 영역에서 달맞이꽃의 특징과 모습을 관찰한다.

제14장 논리와 창의성 발달을 위한 활동의 실제

1. 이야기 나누기 활동의 실제

유아들은 다각도로 생각하고 마음껏 상상할 수 있는 직간접적인 경험을 하는 가운데 자신만의 독특한 세계를 이루어 가며, 그러한 과정에서 생각의 싹은 더욱 자라게 되고 일상생활의 문제해결력도 자연스럽게 길러질 수 있다. 이야기 나누기는 유치원 활동 전반에 걸쳐 그들의 사고에 비계를 설정해 주고 다양한 활동 속에서 생각을 표출할 수 있도록 돕는 한 방법으로서 큰 비중을 차지한다.

이야기 나누기는 교사와 유아가 함께 모여 앉아 친구의 결석이나 하루 생활 계획과 평가, 날씨와 계절의 변화, 주변 사물이나 사회 현상, 사람들의 활동 등 특별한 단원이나 주제에 대하여 자유롭게 의견을 교환하는 시간이다.

이야기 나누기는 현재 유치원에서 일반적인 지식을 일방적으로 전달해 주는 형태로 진행되고 있어, 교사나 유아 모두가 가장 적극적이고 흥미로워야 함에도 불구하고 부담을 가지고 있다. 대체로 교사가 어떤 일반적이고 객관적인 지식을 전달하려 할 때 그러한 경향이 두드러지는 것을 볼 수 있다.

유치원에서 교구를 소개할 때나 간식을 지도할 때, 음악, 미술, 동작, 동화 활동

등 등원에서 귀가 지도 시까지 여러 형태로 이야기 나누기가 전개되고 있음에도 그것을 하나의 독립된 별개의 활동으로 간주하기에, 이야기 나누기에 대한 어려움이 따르게 된다. '이야기 나누기'라는 활동명으로서만의 가치가 아니라, 모든 활동 속에서 거쳐야 하는 과정으로 생각한다면 이야기 나누기에 대한 시각은 달라질 것이다. 즉, 1년 동안의 교육과정을 운영함에 있어서 교사가 일정한 시기에 투입할 교육 내용을 미리 정해 놓는 것이 아니라, 교육과정 전반에 대한 교육 내용의 틀은 지니고 있으면서 해마다 달라지는 반 아이들과 함께 아이들이 가장 흥미로워하고 궁금해하는 내용을 알아 가는 과정이 이야기 나누기라고 할 수 있다.

이야기 나누기 활동의 궁극적 목표는 유아의 사고력을 향상시키는 것이다. 이를 위해서는 교사의 '사고'가 준비되어 있어야 한다. 교사가 어떤 사고 성향을 지니고 있고 가르치고자 하는 사고에 대해 어떤 개념을 가지고 있는가에 따라 교사의 질문과 이야기 나누기의 내용은 달라지며, 그 결과 유아를 위한 사고교육의 질적 수준도 달라진다.

허미애(2007)는 비판적 사고 성향이 높은 교사는 비판적 사고 성향이 낮은 교사보다 비판적 사고를 격려하기 위한 질문을 더 많이 하며, 창의적 사고 성향이 높은 교사는 창의적 사고 성향이 낮은 교사보다 창의적 사고를 격려하기 위한 질문을 더 많이 하는 경향이 있다고 하였다.

이와 같은 견해는 비판적 · 창의적 사고 성향이 높은 유아교사가 유아의 사고력을 증진시키기 위한 질문을 효과적으로 사용할 가능성이 높음을 말해 주는 것으로서, "교사의 사고 유형은 교수전략에 영향을 미치며, 각각의 사고 유형은 특정한 교사 행동과 관계가 있다."라고 주장한 케이건과 스미스(Kagan & Smith, 1988)의 연구 결과와도 일치하는 것이다. 이에 이야기 나누기를 통한 논리 · 창의 교육의 실제를 살펴보면 다음과 같다.

활동 1 우리 동네 소개하기

놀이 주제
우리 동네
목표
• 우리 동네에 대한 자신의 생각을 분명하게 표현한다. • 상대방의 이야기를 주의 깊게 듣고 궁금한 점을 질문한다.
누리과정 관련 요소
• 의사소통: 듣기와 말하기–자신의 경험, 느낌, 생각을 말한다. –상대방이 하는 이야기를 듣고 관련해서 말한다.

가. 활동 자료

동네에서 볼 수 있는 사물과 장소의 사진 자료, 융판, 동네 전경 영상 자료

나. 사전 활동

1) 유아들과 자신의 동네에 대한 이야기를 나눈다.

2) 유치원 주변을 산책하며 주변에서 볼 수 있는 것을 관찰한다.

3) 가정에서 유아들이 사는 동네의 사진을 가져와서 소개하기로 한다.

다. 본 활동

활동 방법	논리 · 창의 관련 요소
1) '우리 동네' 하면 생각나는 것들에 대해 자유롭게 이야기 나눈다. • '우리 동네'라는 말을 들으면 무엇이 생각나니? –우리 집이 떠올라요. • 어떤 느낌이 드니? • 왜 그런 느낌이 들까? –항상 보는 곳이라서요.	• 정보 수집하기
2) 유아들이 가져온 우리 동네 사진을 소개한다. • 이번에는 우리가 살고 있는 동네의 사진을 소개해 볼까? • 누가 먼저 나와서 소개할까? • ○○이가 가져온 동네 사진을 소개해 보자. • 사진 속의 장소가 어디니? –놀이터예요. • 왜 이곳을 소개하고 싶었니? –제가 매일 가는 곳이니까요. • ○○이가 가져온 동네 사진에 대해 질문하고 싶은 사람 있니? –저 토끼 모양은 뭐니? –앉아서 앞뒤로 왔다 갔다 움직이는 거야. • 이곳에서 무엇을 했니? –미끄럼틀과 그네를 타고 놀았어요. • 너희도 ○○이가 가져온 사진 속의 장소에 가 본 적이 있니? • 너희는 그곳에서 무엇을 했니? –모래로 산과 동굴을 만들고 놀았어요. –술래잡기를 하고 놀았어요. • 우리 동네의 어디에 있니? –유치원에도 있어요. –아파트 안에 있어요. –공원에 있어요.	• 정보 수집하기
3) 우리 동네의 여러 장소 중에서 유아들이 좋아하는 장소에 대해 이야기 나눈다. • 가져온 사진을 잘 보았니? • 어떤 곳들을 보았지?	• 나열된 개념을 정리하기

–놀이터요.	
–경찰서요.	
–도서관이요.	
• 가져온 사진 속의 장소 외에 또 어떤 장소가 있니?	
–마트가 있어요.	
–문구점이요.	
• 우리 동네의 여러 장소 중에서 좋아하는 장소는 어디니?	
–마트요.	
–놀이터요.	
• 왜 그곳을 좋아하니?	
–재미있는 장난감이 많이 있어서요.	
–그네가 재미있어요.	
4) 유아들이 가져온 사진을 이용해서 할 수 있는 놀이를 생각한다.	• 주어진 정보를 기초로 상상하기
• 너희들이 가져온 사진들로 무엇을 할 수 있을까?	• 다양한 아이디어 산출하기
–블록으로 만들면 좋겠어요.	
• ○○이가 블록으로 놀이하고 싶다는데 너희 생각은 어떠니?	
• 블록으로 어떻게 놀면 좋을까?	
–블록으로 우리 동네를 만들면 좋겠어요.	
–블록으로 우리 동네를 만들어서 산책하면 좋을 것 같아요.	
• 놀이를 하기 위해 우리가 무엇을 준비해야 할까?	
• 자유놀이 시간에 우리 동네를 만들어서 놀이를 해 보자.	

라. 활동의 유의점 및 참고 사항

1) 유아들이 다양한 각도에서 질문할 수 있도록 돕는다.

2) 다른 유아의 말을 주의 깊게 듣고, 상대방의 말과 관련된 질문을 할 수 있도록 유도한다.

3) 유아들의 관심이 다른 곳으로 분산될 때는 다시 원래의 주제로 관심을 집중하도록 돕는다.

마. 활동 평가

1) 우리 동네에 대해 자신의 생각을 분명하게 표현하였는가?

2) 상대방의 이야기를 주의 깊게 듣고 궁금한 점을 질문하였는가?

바. 확장 활동

1) 우리 동네를 쌓기 영역으로 구성해 보고 산책해 본다.

2) 우리 동네 지도를 그려 본다.

활동 2 우산

놀이 주제
우리 동네
목표
• 우산의 특징과 용도를 알아본다. • 실제로 우산을 탐색, 관찰하며 다양한 생각을 해 본다.
누리과정 관련 요소
• 의사소통: 듣기와 말하기–자신의 경험, 느낌, 생각을 말한다. –상대방이 하는 이야기를 듣고 관련해서 말한다.

가. 활동 자료

유아들이 가정에서 가져온 우산

나. 사전 활동

1) 비가 올 때의 경험에 대해 이야기를 나눈다.

2) 비가 올 때 우산을 쓰고 유치원 주변을 산책해 본다.

다. 본 활동

활동 방법	논리 · 창의 관련 요소
1) 비가 올 때 필요한 것들에 대해 이야기를 나눈다. • 비가 오는 날엔 유치원에 어떻게 오니? –엄마랑 우산 쓰고 와요. –우비를 입어요. • 비가 오면 대부분 우리는 우산을 쓰고 유치원에 와. 오늘은 선생님이랑 같이 우산을 관찰해 보자.	• 정보 수집하기
2) 유아들이 준비해 온 우산을 꺼내 우산의 특징에 대해 탐색 · 관찰한다. • 우산은 어떻게 생겼니? –뾰족하게 생겼어요. –지팡이처럼 생겼어요. • 접힌 우산의 모양과 펴진 우산의 모양은 어떻게 다르니? –접혀 있을 땐 기다랗고 지팡이 같아요. –막대기 같아요. –펼치면 동그랗고 내가 우산에 쏙 들어갈 것 같아요. • 우산은 왜 비가 올 때 쓰는 걸까? –비 안 맞으려고요. –비 맞으면 감기에 걸리니까요. • 우산은 무엇으로 만드는 걸까? –비닐이요. –나무요. –플라스틱으로요. 3) 우산과 비슷한 모양, 비슷한 느낌을 가진 것들에는 어떤 것들이 있는지에 대해 이야기 나누어 본다. • 너희들, 주변에서 우산과 비슷하다고 느낀 것들을 본 적이 있니? –우비요. –공작이요. • 어떤 점이 비슷하다고 생각했니? –비를 안 맞게 해 줘요. –꼬리를 펴는 게 우산 펼 때랑 비슷해요.	• 사물의 속성으로 분석하기

4) 우산 대용품에 대해 이야기를 나눈다. • 우리는 보통 비가 오면 우산을 쓰는데, 우산 말고 비가 올 때 비를 피할 수 있는 다른 방법은 없을까? –우비요. –비닐이요.	
5) 준비해 온 우산을 이용하여 새로운 방법을 생각해 본다. • 우산의 불편한 점은 무엇일까? –무거워요. –들고 다니기 불편해요. –우산을 써도 바지는 젖어요. • 우산의 불편한 점을 어떻게 고치면 좋을까? –가볍게 만들어요. –작게 만들어요. –우산에 비닐을 둘러서 그 안에 제가 들어갈 수 있게 만들어요. 6) 우산의 사용 용도에 대해 색다른 시각으로 해석해 본다. • 우산은 꼭 비가 올 때만 사용해야 되는 걸까? 비가 올 때 말고 또 우산을 어떻게 사용할 수 있을까? –햇빛이 쨍쨍할 때 햇빛 가리개로 사용해요. –바람이 많이 불 때 바람막이로 사용해요. • 우산을 다른 장소에서, 다른 용도로 사용할 수는 없을까? –산에 올라갈 때 지팡이 대신에 사용해요. –우산을 뒤집어서 꽃을 심어 봐요. 7) 유아들만의 독특한 우산을 생각해 본다. • 우산은 남들이랑 다 똑같아야 할까? 우산에 어떤 것을 변화시키면 좋을까? 자기만의 우산을 생각해 볼까? –비에 젖으면 색깔이 변하게 만들었으면 좋겠어요. –모자처럼 편하게 쓰게 만들었으면 좋겠어요. 8) 만약 내 우산이 요술 우산이라면? • 만약에 지금 친구들이 가지고 있는 우산이 요술 우산이라면 너희는 우산을 가지고 무엇을 하고 싶니? –우산을 타고 하늘을 날고 싶어요. –도깨비 방망이처럼 우산을 두드리면 좋아하는 음식들이 나왔으면 좋겠어요. –우산으로 악당들을 물리치고 싶어요.	• 주어진 정보를 기초로 상상하기 • 다양한 아이디어 산출하기

라. 활동의 유의점 및 참고 사항

1) 유아들이 다양한 각도에서 질문할 수 있도록 돕는다.
2) 다른 유아의 말을 주의 깊게 듣고, 상대방의 말과 관련된 질문을 할 수 있도록 유도한다.
3) 유아들의 관심이 다른 곳으로 분산될 때는 다시 원래의 주제로 관심을 집중하도록 돕는다.

마. 활동 평가

1) 우산의 특징과 용도를 알아보았는가?
2) 실제로 우산을 탐색 · 관찰하며 다양한 생각을 해 보았는가?

바. 확장 활동

1) 우산으로 모빌 만들기를 해 본다.
2) 투명 비닐 우산을 이용해 나만의 우산을 만들어 본다.

2. 동시 · 동화 활동의 실제

동화는 어린이를 대상으로 창작되거나 전래되어 온 흥미 있는 이야기로, 현실과 환상이 골고루 담겨 있는 문학의 형태이다(주영희, 2001). 동시는 단어의 반복과 운율, 유머스러운 표현, 서정성과 상상력을 바탕으로 한 함축적인 표현의 형태이다. 유치원의 일과에서 동화와 동시는 대 · 소집단 활동과 자유선택 활동 모두에서 활용 정도가 높고, 다양한 영역의 활동으로 연결될 수 있어 논리 · 창의 교육의 장으로서 가치를 지닌다고 볼 수 있다.

동화를 통해 유아들은 새로운 낱말을 접하며 익힌 낱말을 활용해 볼 수 있는 기회를 갖게 된다. 또한 유아는 동화 내용이나 순서, 인과관계 등을 이해하고 내용을 기억하여 표현하는 과정에서 지식과 개념을 재구성하는 경험을 한다. 동시 속에는 유아의 일상적 경험들이 상징적 · 비유적으로 표현되어 있어, 유아는 동시 경험을 통해 사물을 자세히 관찰하고 구체적으로 묘사하는 기회를 가지며 감각적이고 창의적인 표현력과 충분한 감성을 기를 수 있다. 유아들이 동시를 감상하고 짓는 활동은 감각적인 표현에 대한 즐거움과 풍부한 감성 및 창의력의 발달과 밀접하게 관련된다.

이와 같이 동화 · 동시는 그 내용에 대해 유아가 나름대로의 의미를 형성하고, 자신의 해석에 따라 내용을 재창조할 수 있기 때문에 유아의 확산적 사고를 촉진해 주는 좋은 매체가 될 수 있다. 또한 상황에 어울리는 또 다른 낱말을 찾아보거나 동화 속에 제시된 문제를 창의적으로 해결하는 과정에서 단순히 해결책을 제시하기보다는 적절한 단계 등을 밝히고, 이러한 해결책의 실행 가능성과 관련한 적절한 이유 등을 논리적으로 설명하는 과정을 경험해 볼 수 있다는 점에서 유아의 논리 · 창의 교육을 위한 효과적인 활동이 될 수 있다(McGee & Richgels, 1990: 손정화, 김영주, 2007에서 재인용). 이에 동화 · 동시 활동을 통한 논리 · 창의 교육의 실제를 살펴보면, 다음과 같다.

활동 1 내가 주인공이라면?

놀이 주제
나와 가족
목표
• 이야기를 듣고 주인공이 되어 다양하게 상상할 수 있다. • 자신이 주인공이 되어 보는 과정에 즐겁게 참여한다.
누리과정 관련 요소
• 의사소통: 듣기와 말하기–자신의 경험, 느낌, 생각을 말한다. –상대방이 하는 이야기를 듣고 관련해서 말한다. 책과 이야기 즐기기–책에 관심을 가지고 상상하기를 즐긴다. –동화, 동시에서 말의 재미를 느낀다.

가. 활동 자료

『세 가지 보물』(정원석, 2010, 계몽사) 동화책, 동화 장면 낱장 그림

나. 본 활동

활동 방법	논리 · 창의 관련 요소
1) 동화책 표지를 보면서 동화 제목을 알고, 어떤 내용일지 이야기해 본다. 동화책 표지를 탐색하게 한다. • 표지를 보았을 때 무슨 내용일 것 같니? • 여기 그려져 있는 사람들은 어떤 관계일 것 같니? • 세 가지 보물이라 했는데 어떤 보물이 있을 것 같니? • 가지고 싶은 보물이 있니?	• 문제 파악하기

2) 동화를 들으면서 어떤 장면이 있는지 주의 깊게 보고 다음 내용에 대해 이야기한다. • 여기에서 형님들이 동생을 어떻게 하고 있니? • 형님들이 재산을 어떻게 했을 것 같니? • 스님이 동생한테 세 가지 보물을 주었지. 어떤 선물을 받았을 것 같니? • 동생이 부자가 된 것을 보고 형님들은 어떻게 행동했을까?	• 주어진 정보에 기초하여 상상하기 • 다양하고 참신한 아이디어 산출하기
3) 동화에 대한 느낌과 생각에 대해 이야기 나눈다. • 동화 중에서 어떤 부분이 가장 재미있었니? • 동화 중에서 가장 화나는 부분이 있었니? • 아버지가 재산을 물려주셨는데 형님들이 동생에게 어떻게 했지? • 동생의 기분은 어땠을까? • 동생은 적은 돈을 받았음에도 불구하고 어떻게 했니? • 스님은 어떤 사람이었을까? • 세 가지 보물을 얻은 동생은 어떻게 했니?	• 문제를 다양한 관점에서 조망하기 • 주어진 정보에 기초하여 자신의 생각 산출하기
4) 동화의 특정 장면에서 만약 내가 저 동생(형님)이라면 어떻게 행동(생각)할지에 대해 상상하여 이야기 나눈다. • 만약에 너희가 동생이라면 세 가지 보물을 받았을 때 어떻게 하고 싶니? • 만약에 너희가 형님이라면 동생의 보물을 보고 어떻게 할 것 같니? • 만약에 너희가 세 가지 보물을 받을 수 있다면 어떤 보물을 가지고 싶니?	• 다양한 관점을 바탕으로 상상하여 조망하기 • 주어진 정보를 기초로 자신의 생각 산출하기

다. 활동의 유의점 및 참고 사항

유아들이 직접 주인공이 되어 보면 상상력을 풍부하게 길러 주며 긍정적인 사고와 비판적인 사고가 적절하게 잘 일어날 수 있도록 알맞게 질문한다.

라. 활동 평가

1) 이야기를 듣고 주인공이 되어 다양하게 상상할 수 있었는가?
2) 자신이 주인공이 되어 보는 과정에 즐겁게 참여하였는가?

마. 확장 활동

1) 자신이 동생이라면 세 가지 보물로 어떤 것을 받고 싶은지 상상해 보고, 이를 만들어 보거나 그려 본다.
2) 동화의 뒷이야기를 꾸며 본다.

활동 2 동시를 꾸며요

놀이 주제
봄 · 여름 · 가을 · 겨울
목표
• 여름 날씨의 특징에 관심을 갖는다. • 동시를 즐겨 감상한다. • 동시를 듣고 재미있는 부분에 어울리는 낱말을 골라 창의적으로 꾸밀 수 있다.
누리과정 관련 요소
• 의사소통: 듣기와 말하기–자신의 경험, 느낌, 생각을 말한다. –상대방이 하는 이야기를 듣고 관련해서 말한다. 책과 이야기 즐기기–동화, 동시에서 말의 재미를 느낀다. • 예술경험: 창의적으로 표현하기–신체, 사물, 악기로 간단한 소리와 리듬을 만들어 본다.

가. 활동 자료

〈여름이 왔단다〉(김유환) 동시

나. 본 활동

활동 방법	논리 · 창의 관련 요소
1) 동시와 관련된 단어에 대해 이야기해 본다. • 동시의 제목을 다 같이 말해 볼까? • 동시 제목이 〈여름이 왔단다〉인데, '여름' 하면 떠오르는 단어가 있니? • 여름에는 무엇을 하니(먹니)? • 여름에는 어떤 날씨가 있니?	• 주어진 정보를 기초로 다양하게 상상하기 • 논리적인 근거로 추론하기 • 가능한 한 다양하고 많은 양의 아이디어 산출하기

2) 동시를 듣고, 동시에 대한 느낌과 생각에 대해 이야기 나눈다. • 동시를 읽어 보니 어떤 느낌이 드니? • 동시에 나온 여름 날씨는 어떤 것이 있었니? • 비가 많이 올 때 나가 본 적이 있니? • 느낌이 어땠니? • 태풍이 오면 하늘이 어떻게 되니? • 만약에 태풍이 엄청 세게 온다면 어떻게 될 것 같니? 3) 동화 속에 재미있는 부분을 골라 비슷한 낱말로 고쳐 표현해 본다. • 동시에서 어떤 부분이 제일 재미있었니? • 너희는 동시를 바꾼다면 어떻게 바꾸고 싶니? • 어떤 방법으로 바꿀 수 있을까? • 동시의 내용을 바꾼다면 어느 부분을 바꾸고 싶니? • '쨍쨍쨍쨍'을 비슷한 말로 다르게 표현해 볼까? • 그럼 장마가 올 때 나는 '주룩주룩'은 어떻게 표현해 볼 수 있을까? • 태풍이 올 때 나는 천둥소리는 '우르르 쾅' 말고 어떻게 표현해 볼 수 있을까? • 만약에 신체로 표현한다면 너희가 바꾼 부분을 신체의 어느 부분으로 표현하고 싶니? 4) 동시를 이어서 새로운 것을 추가하여 꾸며 본다. • '여름'에는 또 어떤 날씨가 있을까? • 이번에는 여름에 먹는 음식을 가지고 동시를 지어 볼까? • 여름에는 어떤 음식을 먹니? • 친구들이 여름 음식을 자유롭게 표현해 볼까?	• 문제를 다양한 관점에서 조망하기 • 다양하고 참신한 아이디어 산출하기

다. 활동의 유의점 및 참고 사항

유아들이 있는 사실을 바탕으로 자신의 생각과 느낌을 말할 수 있도록 지도한다.

라. 활동 평가

1) 여름 날씨의 특징에 관심을 갖는가?

2) 동시를 즐겨 감상하였는가?

3) 동시를 듣고 재미있는 부분에 어울리는 낱말을 골라 창의적으로 꾸밀 수 있었는가?

마. 확장 활동

1) 여름철 날씨를 일주일 동안 관찰 · 기록해 본다.

2) 여름에 관한 동시를 지어 본다.

3. 수학 활동의 실제

최근에는 다양한 정보와 고도의 첨단기술이 활용되는 사회로 변화됨에 따라 수학에 대한 요구가 점점 증가하고 있으며, 일상생활과 직장에서도 수학능력을 필요로 하는 경우가 그 어느 때보다 많아지고 있다(홍혜경, 2010). 또한 수학교육은 유아들이 현실에서 벌어지는 상황에 대해 논리적으로 판단하고 수학적으로 문제를 해결하기 위한 창의적인 탐구 태도를 포함하는 방향으로 변화하고 있다. 가드너(Gardner, 1983)는 지능을 아홉 가지로 분류하면서 그중 하나로 논리 · 수학적 사고를 제시하였다. 논리 · 수학적 사고란 숫자를 효과적으로 사용할 수 있는 능력과 추론을 잘하는 능력을 의미한다.

논리 · 수학적 사고는 수학적 문제를 해결할 수 있는 다양한 방법을 창조해 낼 수 있기 때문에 창의성과도 밀접한 관련을 갖는다. 창의적이면서도 논리적인 유아는 주어진 사실과 사물을 다양한 시각에서 해석할 수 있으며, 문제를 해결할 수 있는 논리적으로 타당한 방법을 찾아 갈 수 있다. 논리 · 창의적 수학교육이 유아기에 어려울 수 있으나, 유아들은 이미 수학적 흥미를 가지고 있으며 일상생활의 경험 속에서 숫자, 형태, 양, 자료에 대한 비형식적인 생각들을 점진적으로 변화시켜 가고 있다. 유아들은 일상생활과 관련된 수학을 경험하면서 수학의 추상적 개념들을 실물과 일반적 상황에 연결할 수 있게 되고 문제해결능력을 개발하게 된다. 이에 수학 활동의 실제를 살펴보면 다음과 같다.

활동 1 색깔 분류, 통합해 보아요

놀이 주제
생활 도구
목표
• 여러 가지 색의 사물을 파악하고 유사점과 차이점에 따라 분류해 본다. • 자신의 생각을 분명하게 표현하고, 다른 사람의 의견을 주의 깊게 듣는다.
누리과정 관련 요소
• 의사소통: 듣기와 말하기－자신의 경험, 느낌, 생각을 말한다. －상대방이 하는 이야기를 듣고 관련해서 말한다. • 자연탐구: 생활 속에서 탐구하기－물체의 특성과 변화를 여러 가지 방법으로 탐색한다. －일상에서 모은 자료를 기준에 따라 분류한다.

가. 활동 자료

바구니 4~5개, 여러 가지 색의 과일들, 다양한 색의 레고블록, 다양한 색의 사탕들, 여러 가지 색의 수건, 여러 가지 색의 인형, 다양한 색의 채소들 등

나. 본 활동

활동 방법	논리 · 창의 관련 요소
1) 준비된 여러 가지 색의 사물들을 다양한 방법으로 탐색하며, 색깔에 대한 경험을 이야기한다. • 이 바구니에 여러 가지 색의 사물들이 담겨 있어. 어떤 색깔들이 있는지 알아보자. －(파프리카를 들며) 선생님, 이거 사과죠? • 왜 사과라고 생각했어? －빨간색이잖아요.	• 문제해결을 위한 정보 수집하기

• 빨간색은 사과만 있을까? –파프리카도 빨간색이지. • 그것은 채소인 파프리카라고 해. 또 다른 색깔이 있는지 찾아보자. –노란색도 있어. –우리 집에도 있어. 그거 바나나야. –(레고블록을 쌓으며) 이거 봐라. 초록색 레고블록이다. –(분홍색 토끼인형을 들며) 이거는 분홍색 토끼야.	
2) 사물의 용도에 대해 이야기 나눈다. • (수건을 들며) 이런 물건을 본 적이 있니? –물을 닦는 수건이에요. • 맞아, 씻고 몸을 닦을 때 써. –느낌이 보들보들해요.	• 사물의 속성 분석하기
3) 동일한 용도로 사용되는 또 다른 사물들을 찾아본다 • 느낌이 보들보들한 것이 또 있는지 찾아볼까? –(여러 가지 색의 인형을 들며) 이것도요. • 그래. 모두 보들보들 느낌이 좋은 것들이구나. (레고블록을 보며) 이런 것을 본 적이 있니? 무엇을 할 때 사용하는 거니? –쌓을 때 써요. –친구들과 놀이할 수 있어요. –내가 만들고 싶은 것을 만들 수 있어요. • 쌓을 수 있는 것들이 또 있니?	• 사물의 속성 분석하기
4) 여러 가지 색의 사물의 외형적인 특성이나 속성을 관찰하고 이야기한다. • 이 과일 포도에 대해 이야기해 보자. 색은 어떠니? –보라색이요. • 색 말고 또 어떤 것을 이야기해 볼 수 있을까? –동글동글 동그라미예요. –먹을 수도 있어요. –(다른 채소와 과일들을 들며) 이것들도 먹을 수 있어. –(사탕을 들며) 이게 더 맛있어. • 우와, 정말 먹을 수 있는 것들이 많네. 이 포도를 반으로 나누어 보자. 어떤 일이 생겼니? –포도 안에 씨가 들어 있어요. • 안에 씨가 들어 있는 것들이 또 있니?	• 사물의 속성 분석하기

5) 사물들의 유사점과 차이점을 찾아본다. • 포도와 가지가 비슷한 점은 무엇이니? –보라색, 색이 같아요. –먹을 수 있어요. • 다른 점은 무엇일까? –가지는 채소예요. –포도는 과일이에요. –가지는 삶아서도 먹어요. • (여러 가지 색의 인형을 보며) 이것은 무엇을 하는 것이니? –친구와 인형놀이 할 때 써요. • 그럼 포도와 인형이 같은 점과 다른 점은 무엇일까? –색이 같아요. –포도는 먹는 과일이에요. –인형은 먹을 수 없어요. –이게 더 커. 이거는 작아. • (인형과 수건을 보며) 이 두 물건은 무엇이 비슷한 것 같니? –색이 비슷해요. –느낌이 비슷해요. • 인형과 수건은 무엇이 같고 무엇이 다르니? –느낌은 같아요. 색도 비슷하고요. –그런데 인형은 나를 쳐다봐요. • 쳐다봐? 무슨 뜻이니? –인형한테 눈, 코, 입이 달려서 쳐다보고 있어요. • 우리처럼 얼굴이 있어서 쳐다보고 있다는 뜻이구나.	• 비교 · 분류하기 • 문제를 다양한 관점에서 조망하기 • 요점과 요지 및 의도 파악하기
6) 사물의 특성을 근거로 분류, 통합한다. • 먹을 수 있는 것도 있지만 먹지 못하는 것도 있네. 비슷한 것끼리 모아 볼 수 있겠구나. 여러 가지 방법으로 모아 보자. –비슷한 색들도 모아요? –이거는 동그라미 모양, 이거는 긴 모양. • 그래. 이거는 동그란 모양인 사과, 이거는 긴 모양인 바나나구나. 이것처럼 다양한 것을 찾아보자. • (사탕을 보며) 이 사탕에 대해 이야기해 줄 수 있니? –분홍색이에요. –달아요.	• 비교 · 분류 · 대조하기

–(복숭아를 가리키며) 이것도 분홍색이고 달아요. 근데 이거는 보들보들 털이 있어요. • 여기에 있는 것들을 비슷한 것끼리 모아 보자. 어떻게 모을 수 있을까? 비슷한 색끼리 모아 보자. • 또 어떻게 모아 볼 수 있을까? –다양한 모양들로 모아요. • 이번엔 너희가 생각한 방법대로 비슷한 것끼리 분류해 보자.	
7) 각자 자신의 분류 기준을 친구들에게 이야기한다. • ○○야, 왜 그렇게 모았는지 이야기해 보자. –나는 색깔끼리 모았어요. –나는 같은 모양끼리 모았어요. –나는 먹을 수 있는 것과 먹지 못하는 것으로 모았어요. –나는 느낌이 비슷한 것끼리 모았어요.	• 논리를 근거로 추론하기

다. 활동의 유의점 및 참고 사항

1) 다양한 사물의 색깔과 특성에 대해 유아들이 관찰한 정보를 기초로 이야기 나누어 본다.
2) 유아들이 자신의 기준을 근거로 색깔을 분류하고, 기준을 바꾸어 다른 방식으로 분류할 수 있도록 한다.

라. 활동 평가

1) 여러 가지 색의 사물을 파악하고 유사점과 차이점에 따라·분류할 수 있었는가?
2) 자신의 생각을 분명하게 표현하고, 다른 사람의 의견을 주의 깊게 들었는가?

마. 확장 활동

1) 친구들이 좋아하는 색깔을 알아보고 이를 그래프로 나타낸다.
2) 가장 많이 좋아하는 색과 좋아하지 않는 색을 비교해 본다.

활동 2 개념망 그리기

놀이 주제
동식물과 자연
목표
• 동물 하면 생각나는 단어들을 말할 수 있다. • 동물과 관련된 단어들을 비슷한 것끼리 분류하고, 분류한 단어들을 공통점에 따라 재분류한다.
누리과정 관련 요소
• 의사소통: 듣기와 말하기–자신의 경험, 느낌, 생각을 말한다. –상대방이 하는 이야기를 듣고 관련해서 말한다. • 자연탐구: 생활 속에서 탐구하기–일상에서 모은 자료를 기준에 따라 분류한다.

가. 활동 자료

4절 도화지, 매직펜, 포스트잇, 사인펜

나. 본 활동

활동 방법	논리 · 창의 관련 요소
1) 동물에 대해 이야기한다. • 너희들이 좋아하는 동물이 있니? • 동물들은 어떻게 생겼니? • 동물들은 어디에 사니? • 동물들은 어떻게 다니니?	• 문제해결을 위한 정보 수집하기
2) 동물과 관련하여 연상되는 단어를 말한다. • '동물' 하면 어떤 말이 생각나는지 이야기해 보자. • 동물들은 무엇을 먹고 살까? • 들에 사는 동물에 대해 이야기해 볼 수 있니? 3) '동물' 하면 떠오르는 단어를 종이에 적거나 그림을 그린다.	• 가능한 한 많은 양의 아이디어 산출하기

4) 종이에 적힌 단어와 그림을 보고, 비슷한 단어들을 분류한다. • 여기 있는 단어 중에 비슷한 말이 있니? • 왜 비슷하다고 생각했니? • 비슷하다고 생각하는 카드를 한 바구니에 담을 수 있니?	• 비교 · 분류 · 대조하기
5) 단어들의 공통점을 나타낼 수 있는 주제어를 만든다. • 기린, 호랑이, 여우, 늑대, 사슴을 왜 같은 바구니에 담았니? • 바구니에 이름 카드를 붙이고 싶은데, 무엇이라고 정했으면 좋겠니?	• 나열되어 있는 개념을 하나의 의미로 종합하기
• '땅에서 걸어 다녀요. 날아다니지 못해요. 몸짓이 크다.'는 무엇이라고 이름 카드를 붙일까? 6) 비슷한 개념끼리 범주화한 것을 다시 재분류한다. • 바구니에 있는 단어카드와 비슷한 카드가 있는 바구니가 또 있니?	• 비교 · 분류 · 대조하기
• 합칠 수 있는 바구니가 있는지 알아보자. • '들에 사는 동물'과 '하늘을 나는 동물'을 합친다면 무엇이라고 제목을 정할 수 있을까? 7) 커다란 종이에 개념망을 그린다. • 종이 가운데에 동그라미를 그리자. 우리가 무엇에 대해 이야기하고 있니? • 제일 큰 제목은 무엇일까? • 바구니에 붙은 이름 카드를 이 종이에 붙여 보자. • '동물들이 사는 곳'을 먼저 붙여야 할까, 아니면 '들에 사는 동물'을 먼저 붙여야 할까?	• 결정된 입장 시각화하기
• '동물들이 사는 곳' 아래 붙여야 할 이름 카드는 무엇일까? 8) 큰 주제와 그 안에 포함되는 주제의 관계에 대해 생각해 본다. • 가장 큰 제목은 무엇이니? • '동물들이 사는 곳'에 속하는 바구니의 이름 카드는 무엇이니? • '들에 사는 동물'에 포함되는 단어들은 무엇이니?	• 적용하고 평가하기

다. 활동의 유의점 및 참고 사항

1) 유아들이 브레인스토밍을 잘하기 위해서 교사는 유아들의 다양한 경험을 이끌어 낼 수 있는 질문을 할 수 있어야 한다.
2) 단어들을 범주화하고 주제어를 추출하는 것이 유아들에게 어려울 수 있으므로 교사의 구체적인 안내가 있어야 한다.

라. 활동 평가

1) '동물' 하면 생각나는 단어들을 말할 수 있었는가?
2) 동물과 관련된 단어들을 비슷한 것끼리 분류하고, 분류한 단어들을 공통점에 따라 재분류할 수 있었는가?

마. 확장 활동

1) '동물' 하면 생각나는 단어로 책 만들기를 한다. 활동지에 생각나는 단어를 적고, 그 이유를 그림으로 그리거나 글로 적는다.
2) 동물들이 사는 곳을 알아보고 동물들의 행동을 흉내 내 본다.

4. 음악 활동의 실제

어린 영유아의 음악 활동은 성장 및 발달에 유익함이 많다. 유아는 놀이를 통해서 학습을 한다. 따라서 동시, 언어, 과학, 동화, 수학 등의 인지적 활동도 음률을 통해서 접근한다면 유아가 흥미 있어 하며 즐겁게 수업에 참여할 수 있다. 즉, 유아 음악은 교수법을 위한 도구로서도 유익하지만 전인적 성장 · 발달에서도 중요한 역할을 차지한다.

영유아 시기에 음악은, 첫째, 신체 발달을 돕는다. 유아는 음악의 리듬이나 멜로디의 흐름에 맞춰 신체를 통해 동작으로 표현하며, 자연스럽게 신체적인 반응을 일으킨다. 둘째, 정서 발달을 돕는다. 음악은 자연스러운 정서 반응을 유발하고 기분을 전환시키며 스트레스 해소에도 도움이 된다. 최근 음악치료도 그러한 이유에서 많이 연구되고 있다. 셋째, 인지 발달을 돕는다. 음악 활동을 통해서 자연스럽게 분류, 변별, 사고력, 기억, 재생, 문제해결능력 등을 지도할 수 있다. 넷째, 언어 발달에 도움을 준다. 음악을 통해서 다양한 언어를 들어 보고 말하게 함으로써 언어 표현력을 증진할 수 있다. 다섯째, 사회성 발달에 도움을 준다. 사회성은 관계를 통해서 증진되는데, 유아들은 음악을 통해서 노래를 부르며 함께 활동을 하면서 자연스럽게 관계가 친숙해지고 개선될 수 있다. 여섯째, 창의성 발달에 도움을 준다. 음악 활동을 통해서 유아들에게 확산적인 질문을 하여 사고력, 문제해결력을 돕는 데 도움을 준다. 일곱째, 인성 발달에 도움을 준다. 자연스럽게 접하는 노래 가사를 통해서 유아들의 생활 습관 및 기본적으로 해야 할 것들에 대한 지도가 이루어질 수 있다.

교육의 목적은 전인 발달에 있다. 음악이야말로 즐겁고 신나게 유아들과 놀이를 통해서 접근할 수 있는 훌륭한 도구인 것이다.

교사는 유아들을 가르치기 전에 음악이 일과 중에 노출될 수 있도록 도와주어야 하며, 음악을 통하여 풍부하고 아름다운 상상을 할 수 있도록 함께해야 한다. 또한 음악을 통하여 유아의 사고를 확장시켜 주며, 유아 스스로는 발견하지 못했던 음악의 세계를 유아가 발견할 수 있도록 도와주어야 한다. 이에 음악 활동을 통해서 사고력을 확장할 수 있도록 실제를 살펴보면 다음과 같다.

활동 1 봄이 왔어요

놀이 주제
봄 · 여름 · 가을 · 겨울
목표
• 봄의 노래를 들으면서 봄의 아름다움을 느낀다. • 같은 음악곡을 개사하여 다양하게 부를 수 있다. • 자신의 느낌을 적절한 문장으로 말한다.
누리과정 관련 요소
• 의사소통: 듣기와 말하기–자신의 경험, 느낌, 생각을 말한다. • 예술경험: 아름다움 찾아보기–자연과 생활에서 아름다움을 느끼고 즐긴다. 창의적으로 표현하기–신체, 사물, 악기로 간단한 소리와 리듬을 만들어 본다.

가. 활동 자료

융판, 그림 자료, 음악 CD–〈토끼야 토끼야〉(김성균 곡)

나. 사전 활동

봄에 피는 꽃은 어떤 것들이 있는지 이야기 나눈다.

다. 본 활동

활동 방법	논리 · 창의 관련 요소
1) 그림 보며 이야기를 나눈다. • (토끼 그림을 보여 주며) 이게 무엇이지? –토끼예요. • (진달래, 개나리 그림을 보여 주며) 이것은 무엇이지? –꽃이에요. –개나리예요.	• 주어진 정보를 기초로 상상하기

–무슨 꽃인지 잘 모르겠어요. • (산새 그림을 보여 주며) 이것은 무엇이지? –새예요. • (딸기, 참외 그림을 보여 주며) 이것은 무엇이지? –참외요. –딸기요. • 진달래와 딸기는 무슨 색깔일까? –빨간색이에요. 2) 그림 보며 가사를 도입한다. 3) CD로 노래를 들려주며 그림과 함께 가사, 선율을 도입한다(가사에 알맞은 그림을 노래에 맞춰 융판에 붙이면서 노래를 부른다). 4) (쿵짝짝) 박수를 치며 노래를 부른다. 5) 아이에게 직접 융판에 그림을 붙이도록 한다(소심하거나 적극적으로 참여하지 못한 아이 위주로). • 한 친구가 나와서 노래에 맞춰 그림을 붙여 보도록 하자. 다른 친구들은 쿵짝짝 박수를 치면서 큰 소리로 불러 주자. 6) 손으로 율동을 만들어 표현해 본다. • 자유롭게 율동을 만들어 보면서 다시 한번 노래를 불러 보자. • 한 친구가 나와서 자기가 만든 율동을 해 보고, 다른 친구들은 큰 소리로 노래를 불러 주자.	• 문제해결을 위한 다양한 아이디어 모으기 • 다양한 신체 표현을 하도록 유아들의 아이디어 모으기 • 다양한 어휘력 구사하기
〈토끼야 토끼야〉 토끼야 토끼야 진달래(참외) 보았니? 토끼야 토끼야 개나리(딸기) 보았니? 빨갛게 빨갛게 피었는데(익었는데)~ 노랗게 노랗게 피었는데(익었는데)~ 토끼야 토끼야 진달래(딸기) 보았니? 토끼야 토끼야 개나리(참외) 보았니? 이야기 제목: '토끼야 토끼야' 토끼가 숲 속을 깡충깡충 뛰어다니고 있었어요. 바람이 토끼에게 물었어요. "토끼야, 토끼야, 아기 진달래 보았니?" "지금 숲 속으로 만나러 가요." 아기 진달래가 토끼에게 물었어요.	• 노래를 듣고 상상해서 이야기 꾸미기

"토끼야, 토끼야, 개나리 아가씨 보았니?" "지금 들판으로 만나러 가요." 개나리 아가씨가 물었어요. "토끼야, 토끼야, 딸기 아줌마 보았니?" "지금 밭으로 만나러 가요." 딸기 아줌마가 물었어요. "토끼야, 토끼야, 참외 아저씨 보았니?" "지금 농장으로 만나러 가요." 온 들판을 뛰어다닌 토끼는 함께한 바람이 고마웠답니다.	

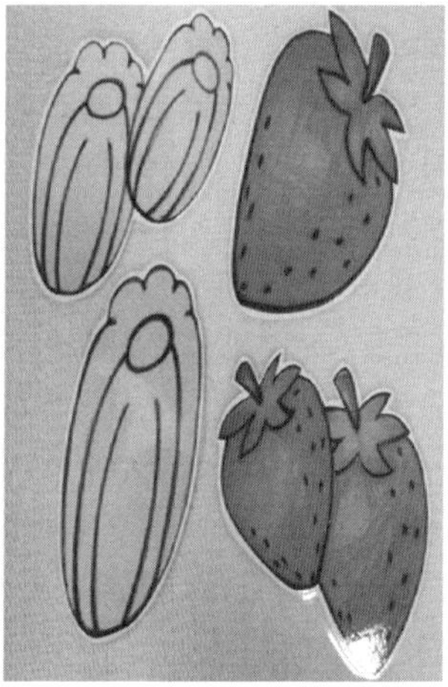

노래 교수 자료 출처: 김성균(2015). 김성균 유아음악교육 지도자과정 월별지도서.

라. 활동의 유의점 및 참고 사항

1) 교사가 스토리텔링을 통해서 그림으로 접근하여 상상하도록 한다.

2) 노래를 외우기보다는 스토리를 이해하고 자연스럽게 놀이식으로 음악을 즐길 수 있도록 한다.

마. 활동 평가

1) 봄의 노래를 들으면서 봄의 아름다움을 느끼는가?

2) 음악 곡을 개사하여 다양하게 부를 수 있었는가?

3) 자신의 느낌을 적절한 문장으로 표현하였는가?

바. 확장 활동

1) 다양한 봄의 과일이나 꽃을 바꾸어서 노래를 불러 보고 가사를 바꾸어 가며 노래를 지도한다.

2) 노래 활동 후, 유아 개인이 음률에 따른 그림 활동을 한 다음 소책자를 만들어 본다.

활동 2 유치원에 왔어요

놀이 주제
유치원과 친구
목표
• 유치원과 친구들에 대해서 알아본다. • 노래를 부를 때 강약의 차이를 알게 한다. • 노래를 통해 정서 발달에 도움을 준다.
누리과정 관련 요소
• 의사소통: 듣기와 말하기-자신의 경험, 느낌, 생각을 말한다. • 사회관계: 더불어 생활하기-서로 다른 감정, 생각, 행동을 존중한다. • 예술경험: 창의적으로 표현하기-노래를 즐겨 부른다.

가. 활동 자료

융판, 그림 자료, 음악 CD-〈병아리〉(김성균 곡)

나. 사전 활동

유치원이 어떤 곳인지 이야기 나눈다.

다. 본 활동

활동 방법	논리 · 창의 관련 요소
1) 그림 보며 이야기를 나눈다. • (그림을 한 장씩 넘기면서) 이게 뭐지? -병아리예요. • 병아리가 뭐하고 있니? -노래를 부르고 있어요.	• 주어진 정보를 기초로 상상하기

• 병아리가 또 뭐하고 있지?
  –울고 있어요.
• 이건 누구일까?
  –엄마요.
  –언니예요.
  –모르겠어요.

2) 그림을 보며 가사를 도입한다.
3) CD로 노래를 들려주며 그림과 함께 가사, 선율을 도입한다.
4) 반주만 들려주고 그림과 함께 다시 노래를 불러 본다.
  • 이번에는 음악만 들려줄 거야. 그림만 보고 노래를 불러 보자.
5) 특정 가사 부분을 스타카토로 불러 본다.
  • '노노, 뿅뿅뿅, 간다고' 부분을 똑똑 끊어서 불러 보자.
6) 노래 가사를 강약으로 나눠서 불러 본다.
  • 똑똑 끊어서 부를 부분을 강하고 세게 불러 보고, 다른 부분은 아주 약하고 여리게 불러 보자.
  • 이번에는 반대로 강하게 불렀던 부분을 약하게, 약하게 불렀던 부분은 강하게 불러 보는 거야.
7) 팀을 나눠서 노래를 부른다.
  • 오른쪽 팀은 '노노노, 뿅뿅뿅, 간다고' 부분을 부르고, 왼쪽 팀은 나머지 가사 부분을 부르는데, 어떤 팀의 목소리가 더 큰지 대결해 보는 거야.
  • 이번에는 노래 부르는 부분을 서로 바꿔서 불러 보자.

〈병아리〉
병아리
노 노 노란병아리
뿅뿅뿅 노래 부르다가
똑똑 눈물 흘린다
언니 따라 유치원에 간다고

이야기 제목: '병아리'
햇살이 노란 아침이었어요.
노란 병아리가 뿅뿅뿅 노래했지요.
"나도 갈래." 뿅뿅
"넌 안 돼." 삐약삐약

• 문제해결을 위한 다양한 아이디어 모으기
• 다양한 신체 표현을 하도록 유아들의 아이디어 모으기
• 다양한 어휘력 구사하기
• 노래를 듣고 상상해서 이야기 꾸미기

"나도 갈래." 뽕뽕 "유치원 갈래." 뽕뽕 "언니 되면." 삐약삐약 아기 병아리가 노래를 했어요. "유치원에 간다고……" 뽕뽕	

노래 교수 자료 출처: 김성균(2015). 김성균 유아음악교육 지도자과정 월별지도서.

라. 활동의 유의점 및 참고 사항

1) 교사가 스토리텔링을 통해서 그림으로 접근하여 상상하도록 한다.
2) 노래를 외우기보다는 스토리를 이해하고 자연스럽게 놀이식으로 음악을 즐길 수 있도록 한다.

마. 활동 평가

1) 유치원과 친구들에 대해서 알아보았는가?
2) 노래를 부를 때 강약의 차이를 알게 하였는가?
3) 노래를 통해 정서 발달에 도움을 주었는가?

바. 확장 활동

1) 병아리 노래에 맞는 역할놀이를 해 본다.
2) 유치원 친구들 모두가 병아리가 되어서 선생님과 함께 병아리 노래를 부르며 유치원을 둘러본다.

참고문헌

강영계(2000). 철학 이야기: 탈레스에서 라캉까지. 서울: 서광사.

강치원(2013). 토론의 힘: 대한민국의 미래, 토론교육이 답이다. 경기: 느낌이 있는 책.

교육과학기술부(2011a). 유치원 기본과정 내실화를 위한 인성교육 프로그램.

교육과학기술부(2011b). 유치원 기본과정 내실화를 위한 창의교육 프로그램.

교육과학기술부(2013). 3~5세 연령별 누리과정.

교육과학기술연구원(2011). 유아의 창의 · 인성 함양을 위한 영상매체 활용 프로그램. 경기: 한국시각장애인연합회.

교육부 · 보건복지부(2019). 2019 개정 누리과정 해설서. 세종: 교육부.

구정화(2009). 학교 토론수업의 이해와 실천. 경기: 교육과학사.

권정윤(2012). 정신건강 위기 시대의 영유아 이해와 교육방향. 영유아교원 교육학회 춘계학술대회.

김경숙(2008). 유치원정교사(1급) 자격연수 교재. 광주: 광주교육연수원.

김경숙(2013). 유아 창의 리더십 프로그램 개발 및 효과. 전남대학교 대학원 박사학위논문.

김경연(2011). 유아 사고력 증진 프로그램이 셀프리더십 및 자아존중감에 미치는 효과. 광주대학교 대학원 석사학위논문.

김경훤, 김미란, 김성수(2012). 창의적 사고 소통의 글쓰기. 서울: 성균관대학교 출판부.

김광기(2011). 논술의 전략과 실제(개정판). 경기: 도서출판 AJ.

김득순(1993a). 이야기 속의 철학. 광주: 도서출판 새날.

김득순(1993b). 이야기 속의 논리학. 광주: 도서출판 새날.
김미자(2005). 쟁점중심 사회과 수업에서 교사의 역할: 소크라테스적 대화의 관점. 한국교원대학교 대학원 석사학위논문.
김민경, 홍혜경, 이지현, 이정욱(2006). 유아수학교육의 탐구. 서울: 교우사.
김선아(2007). 코메니우스의 유아와 어머니 이해의 대상관계 이론적 재해석. 기독교교육정보, 16, 181-205.
김선아(2013). 한 권으로 읽는 코메니우스. 경기: 한국학술정보.
김성균(2015). 김성균 유아음악교육 지도자과정 월별지도서. 서울: 김성균음악교육연구소.
김성식(2007). 선조들의 나눔교육 실천, 유아교육혁신을 위한 원장의 역할. 광주 동부교육청 연수 자료.
김영채(1998). 사고력: 이론, 개발과 수업. 서울: 교육과학사.
김영채(2007). 창의력의 이론과 개발. 서울: 교육과학사.
김용규(2006). 철학카페에서 문학 읽기. 서울: 웅진지식하우스.
김재은(1995). 한국인의 의식과 행동양식. 서울: 이화여자대학교 출판부.
김정섭, 신수진, 윤소정(2006). 중학생의 리더십 기술과 창의적 사고 및 비판적 사고와의 관계. 교육심리연구, 20(4), 975-995.
김정자(2010). 논리적 사고력을 길러주는 철학형 두뇌. 서울: 베이직북스.
김철호(2009). 소크라테스 대화법을 적용한 도덕과 교수학습방법 연구. 한국교원대학교 대학원 석사학위논문.
김희중(2009). 소크라테스 대화법과 비고츠키 근접발달영역에서의 교사 역할 비교 연구. 교육연구논총, 30(2), 1-14.
남순현(2006). 청소년의 창의성 교육: 사고의 전환인가? 잠재가능성의 실현인가? 아동교육, 15(2), 179-195.
노운서, 김명화, 노명희, 박현경, 백미열(2019). 아동문학. 경기: 양서원.
문병환, 이상미(2018). 박물관 견학 토론활동이 유아의 문제해결력과 공감능력에 미치는 영향. 학습자중심교과교육연구, 18(17), 469-492.
문용린(2007). 생각의 탄생: 다빈치에서 파이먼까지 창조성을 빛낸 사람들의 13가지 생각 도구. 서울: 에코의서재.
문정화, 하종덕, 박경빈, 김선진(2019). 창의성: 또 하나의 교육(3판). 서울: 학지사.
민중서림 편집부(2010). 민중 실용국어사전. 경기: 민중서림.
박권생(1993). 창의적 사고의 본질. 한국심리학회지, 12(1), 19-45.

박상범(2008). 통합적 접근에 기초한 창의성 모형 개발 및 타당화. 경북대학교 대학원 박사학위논문.

박영숙, 글렌, 고든, 프로레스큐(2013). 유엔미래보고서 2040. 서울: 교보문고.

박종현(2005). 플라톤의 국가 · 정체. 서울: 서광사.

박지운(2006). 사고 모자 활동을 이용한 학습지도가 초등학교 아동의 사고력과 학업성취도에 미치는 영향. 가톨릭대학교 교육대학원 석사학위논문.

박찬옥, 지성애, 조형숙, 서동미, 곽현주, 엄은나, 한진원, 김현주, 김민정, 홍찬의(2013). 유아교사를 위한 논리 · 창의 교육(제2판). 경기: 정민사.

박찬옥, 홍찬의(2014). 역동적 평가를 통한 만 5세 유아의 토의 · 토론 능력 발달과정 탐구. 유아교육학논집, 18(1), 247-271.

박해용(2013). 소크라테스 대화법의 이론과 실제. 경기: 한국학술정보.

방인옥(1992). John Dewey의 교육철학이 한국 유치원 교육과정에 미친 영향. 중앙대학교 대학원 박사학위논문.

배소연(2013). 미국 유아교사교육의 현황: 뉴저지주를 중심으로. 2013 대학원 신입생 오리엔테이션 및 교육역량 강화 세미나 자료집. 광주: 전남대학교 사범대학 유아교육과.

배은미(2007). 문화예술교육을 통한 학습자의 창의적 사고. 세종대학교 교육대학원 석사학위논문.

삼성경제연구소(2012). 콜라보레이션으로 유혹하라. 삼성경제연구소 마케팅전략.

서울교육대학 철학연구동문회(1989). 어린이를 위한 철학교육. 경기: 서광사.

서울특별시교육청(2007). 유치원 교육실무편람 1~3.

서정숙, 남규(2005). 그림책으로 하는 유아문학교육. 서울: 창지사.

소흥렬(2000). 논리와 사고. 서울: 이화여자대학교 출판부.

손정화, 김영주(2007). 글 없는 그림책을 활용한 통합활동이 유아의 창의성 신장에 미치는 효과. 한국가정관리학회지, 25(4), 57-66.

신세니, 조희숙(2012). 생태비평(ecocriticism)의 관점으로 그림책 『달 샤베트』 읽기. 어린이문학교육연구, 13(1), 39-62.

안정미(2012). 만 5세 유아들의 소집단 토의활동에 대한 실행연구. 이화여자대학교 교육대학원 석사학위논문.

유구종, 김경숙(2003). 구연동화를 활용한 창의적 통합교육활동이 유아의 창의성에 미치는 효과. 열린유아교육연구, 8(1), 71-91.

이대영(2009). 유아와 문화예술 교육. 한국영유아 교원교육학회 추계학술대회 발표 논집.

이동원(2005). 창의성 교육의 실천적 접근. 경기: 교육과학사.

이상욱(2008). 좋은 연구와 연구 윤리 기관 심의와 동료 평가. 서울: 한국연구재단.

이어령(2012). 우물을 파는 사람. 서울: 두란노.

이연승(2013). 유보통합추진과 창의적 융합인재교육의 방향과 과제. 누리과정과 창의적 융합인재양성(pp. 45-58). 2013 한국유아교육학회 추계정기학술대회.

이오덕(1998). 글쓰기 어떻게 가르칠까. 경기: 보리.

이정옥(2009). 토론의 전략: 합리적 의사소통을 위한 토론. 서울: 문학과지성사.

이지애(1992). 교실에서의 철학교육-IAPC 프로그램의 철학적 기초: 듀이와 리프만을 중심으로. 철학윤리교육연구, 8(19), 66-76.

이한규(2011). 청소년을 위한 소크라테스와의 대화. 서울: 두리미디어.

이홍우(2007). 민주주의와 교육: 교육철학 개론. 경기: 교육과학사.

장명림(2015). 융합인재양성을 위한 유아교육과정의 재조망. 융합인재양성을 위한 누리과정의 현황과 개선 과제(pp. 80-98). 2015 한국유아교육학회 춘계학술대회.

전경원(1995). 유아 종합 창의성 검사. 서울: 학지사심리검사연구소 인싸이트.

전경원(2004). 창의성을 중심으로 한 유아과학교육(개정증보판). 서울: 학문사.

전경원(2000a). 유아 종합 창의성 검사 요강. 서울: 학지사심리검사연구소 인싸이트.

전경원(2000b). 동 · 서양의 하모니를 위한 창의학. 서울: 학문사.

전경원(2000c). 과거, 현재, 미래를 조망하는 신천년의 창의성. 창조교육논총, 4(1), 1-28.

전경원(2021). 창의성 교육의 이론과 실제(제3판). 서울: 창지사.

전경원, 김경숙(2014). 누리과정이 반영된 유아 창의성 교육(2판). 경기: 정민사.

전경원, 박인영, 김경숙, 오한나(2020). 발문 중심의 유아창의성 교육. 경기: 정민사.

정문성(2017). 토의 · 토론 수업방법 84(제4판). 서울: 교육과학사.

정범모(2005). 창의력이란: 그 실체와 육성. 경기: 교육과학사.

정은실(1997). 실천으로서의 수학에 대한 소고. 한국초등수학교육학회지, 1(1), 87-98.

조벽(2011). 조벽 교수의 희망 특강. 서울: 해냄.

조선대학교 삶과 글 편찬위원회(2005). 인문 · 사회 계열 글쓰기: 과정과 전략 중심. 서울: 태학사.

조선희(2008). 철학적 토론활동에 나타난 4세 유아의 '이유 표현'에 대한 연구. 미래유아교육학회지, 15(4), 417-442.

조수웅(2014). 조수웅의 이야기 문학(개정판). 광주: 한림문학재단.

주영희(2001). 유아언어발달과 교육. 서울: 교문사.

최수현(2010). 미술재료 탐색활동이 유아의 창의성에 미치는 영향. 덕성여자대학교 교육대학원 석사학위논문.

하재홍(2010). 소크라테스식(문답식) 교수법. 법학논집, 14(4), 281-309.

한국교육개발원(2006). 창의적 지식 생산자 양성을 위한 영재교육(공통이론).

한국교육개발원, 김홍원, 류방란, 조난심, 남명호, 박동열(2010). (이명박 정부 2년) 교육 경쟁력 강화. 서울: 한국교육개발원.

허미애(2007). 유아교사를 위한 이야기나누기의 이론과 실제. 경기: 공동체.

홍혜경(2010). 유아 수학능력 발달과 교육. 서울: 양서원.

홍혜경, 김정아, 차현화, 김현, 김현정, 천혜경(2010). 부모와 함께하는 일상생활 속 수학놀이. 서울: 창지사.

황경식(1983). 고전적 공리주의와 John Rawls의 정의론 비교 연구. 서울대학교 대학원 박사학위논문.

황경식(1993). 재미있는 논리+논술이야기 1, 2, 3. 서울: 열림원.

Amabile, T. M. (1996). *Creativity in context: Update to the social psychology of creativity*. Boulder, CO: Westview Press.

Amabile, T. M. (2000). 창의성과 동기 유발 [*Growing up creative nurturing a lifetime of creativity*]. (전경원 편역). 서울: 창지사.

Csikszentmihalyi, M. (1996). *Creativity: The psychology of discovery and invention*. New York: Harper/Ccjllins.

Davis, G. A. (1998). *Creativity is forever*. Dubuque, IA: Kendall/Hunt Publishing Company.

Egan, K. (1986). *Teaching as story telling*. London: The Althouse Press.

Erdman, S. (2016). Creating meaningful partnerships with museums. *Young Children, 71*(1), 14-21.

Gallaghr, J. J. (1975). *Teaching the gifted* (2nd ed.). Boston, Mass: Allyn & Bacon.

Gardner, H. (1982). *Developmental psychology*. Boston: Little, Brown and Company.

Gardner, H. (1983). *Frames of mind: The theory of multiple intelligences*. New York: Basic Books.

Gardner, H. (1993). *Multiple intelligences: The theory in practice*. New York: Basic Books.

Guilford, J. P. (1950). Creativity. *American Psychologist, 5*, 444-454.

Guilford, J. P. (1970). Traits of creativity. In P. E. Vernon (Ed.), *Creativity* (pp. 167-188).

Middleses, England: Penguin.

Guilford, J. P. (1986). *Creative talents: Their nature, uses and development*. Buffalo, NY: Barly Limited.

Hynes, A. M., & Hynes-Berry, M. (1994). *Biblio/poetry therapy: The interactive process: A handbook*. St. Cloud, MN: North Star Press of St. Cloud.

Isaksen, S. G. (1987). Introduction: An orientation to the frontiers of creativity research. In S. G. Isaksen (Ed.), *Frontiers of creativity research: Beyond the basics* (pp. 1-26). Buffalo, NY: Bearly Limited.

Isaksen, S. G., Puccio, G. J., & Treffinger, D. J. (Eds.). (1993). Nurturing and developing creativity: problem solving. *Journal of Creative Behavior, 27*(3), 149-170.

Jaspers, K. (2000). **척도를 주는 인간들** [*Axial Age*]. (정영도 편역). 서울: 세종출판사. (원저는 1947년에 출판).

Kagan, D. K., & Smith, K. E. (1988). Beliefs and behaviors of kindergarten teachers. *Educational Research, 30*(1), 26-35.

Kirton, M. J. (1976). Adaptors and innovators: A description and measure. Journal of *Applied Psychology, 61*, 622-629.

Lehman, H. C. (1953). *Age and achievement*. Princeton, NJ: Princeton University Press.

Locke, J. (2012). **교육론: 귀한 자식 이렇게 가르쳐라** [*Some thoughts concerning education: Including, Of the conduct of the understanding*]. (박혜원 역). 서울: 비봉출판사.

McGee, L. M., & Richgels, D. J. (1990). *Literacy's beginnings: Supporting young readers and writers*. Needham, MA: Allyn and Bacon.

Osborn, A. (1953). *Applied imagination*. New York: Scribner's.

Piaget, J. & Inhelder, B. (1969). *The child's conception of space* (F. J. Langdon & J. L. Lunger, trans.) New York: W.W. Norton.

Pink, D. H. (2005). *A whole new mind moving from the information age to the conceptual age*. New York: Penguin.

Pinker, S. (2007). **마음은 어떻게 작동하는가?** [*How the mind works*]. (김한영 역). 경기: 동녘 사이언스. (원저는 1997년에 출판).

Puccio, G. J., Murdock M. C., & Mance, M. (2011). *Creative leadership: Skill that drive change*. LA: Sage.

Rhodes, M. (1961). An analysis of creativity. *Phi Delta Kappan, 42*, 305-310.

Runco, M. A. (1996). Personal creativity: Definition and developmental issues. *New Directions for Child Development, 72*, 3-30.

Sternberg, R. J. (2002). Successful intelligence: A new approach to leadership. In R. E. Riggio, S. E. Murphy, & F. J. Pirozzolo (Eds.), *Multiple intelligences and leadership* (pp. 9-28). Mahwah, NJ: Lawrence Erlbaum Associate.

Taylor, C. W. (1988). Various approaches and definitions of creativity. In R. J. Sternberg (Ed.), *The nature of creativity* (pp. 99-121). New York: Cambridge University Press.

Torrance, E. P. (1962). *Guiding creative talent*. Englewood Cliffs, NJ: Prentice-Hall, Inc.

Torrance, E. P. (1966). *The Torrance Tests of Creative Thinking-Norms-Technical Manual Research Edition-Verbal Tests, Forms A and B-Figural Tests, Forms A and B*. Princeton, NJ: Personnel Press.

Torrance, E. P. (1972). Can we teach children to think creatively? *Journal of Creative Behavior, 6*(2), 114-143.

Torrance, E. P. (1975). Creativity research in education: Still alive. In I. A. Taylor & J. W. Getzels (Eds.), *Perspectives in creativity* (pp. 278-296). Chicago: Aldine.

Versenyi, A., & Laszlo, V. (1963). *Socratic humanism*. Westport, Conn: Greenwood Press.

Walshaw, M., & Anthony, G. (2008). The teacher's role in classroom discourse: A review of recent research into mathematics classrooms. *Review of Educational Research, 78*(3), 516-552.

AI 타임즈(2021. 7. 20.). "메타버스, 새로운 기술 아냐" 최적 타이밍 맞았을 뿐.

매일경제(2015. 4. 8.). 핀란드의 놀라운 교육실험.

교육심리학용어사전. "발문". https://terms.naver.com/entry.naver?docId=1943893&cid=41989&categoryId=41989

두산백과. "삼단논법". https://terms.naver.com/entry.naver?docId=1109131&cid=40942&categoryId=31530

철학사전. "딜레마". https://terms.naver.com/entry.naver?docId=387719&cid=41978&categoryId=41985

찾아보기

인명

내용

저자 소개

홍혜경(Hong Haekyung)

미국 University of Michigan 대학원 교육학 박사

현 전남대학교 유아교육과 명예교수

김명화(Kim Myeonghwa)

전남대학교 유아교육과 교육학 박사

전 광주여자대학교 교수

현 PK문화교육연구소 소장

칼럼니스트

김세루(Kim Seru)

전남대학교 유아교육과 교육학 박사

현 광주대학교 유아교육과 교수

문병환(Mun Byunghwan)

전남대학교 유아교육과 교육학 박사

현 광주교육대학교 교육대학원 겸임교수

김경숙(Kim Gyeongsuk)

전남대학교 유아교육과 교육학 박사

숙명여자대학교 아동복지과 문학 박사

현 행복한창의성연구소 소장

풀꽃향기유치원 원장

창의적 사고를 위한

논리 논술

The Logics and Essays for Creative Thinking

2022년 1월 20일 1판 1쇄 인쇄
2022년 1월 30일 1판 1쇄 발행

지은이 • 홍혜경 · 김명화 · 김세루 · 문병환 · 김경숙
펴낸이 • 김진환
펴낸곳 • (주)학지사
04031 서울특별시 마포구 양화로 15길 20 마인드월드빌딩
대표전화 • 02-330-5114 팩스 • 02-324-2345
등록번호 • 제313-2006-000265호

홈페이지 • http://www.hakjisa.co.kr
페이스북 • https://www.facebook.com/hakjisabook

ISBN 978-89-997-2570-8 93370

정가 17,000원